U0348903

AI重塑演讲力

ChatGPT 10倍提升演讲写作与表达

小安老思 ◎著

AI RESHAPES SPEAKING POWER

ChatGPT Improves Speech Writing and Expression by 10 Times

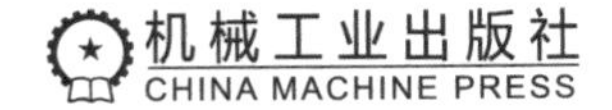

图书在版编目（CIP）数据

AI重塑演讲力：ChatGPT 10倍提升演讲写作与表达 / 小安老思著. —北京：机械工业出版社，2024.4（2025.6重印）

ISBN 978-7-111-75570-8

I. ① A… II. ①小… III. ①人工智能－应用－演讲－应用文－写作②人工智能－应用－演讲－语言艺术 IV. ① H152.3 ② H019

中国国家版本馆CIP数据核字（2024）第072091号

机械工业出版社（北京市百万庄大街22号 邮政编码100037）
策划编辑：王 颖　　责任编辑：王 颖 单元花
责任校对：龚思文 梁 静　　责任印制：李 昂
涿州市般润文化传播有限公司印刷
2025年6月第1版第2次印刷
165mm×225mm · 18.5印张 · 201千字
标准书号：ISBN 978-7-111-75570-8
定价：89.00元

电话服务
客服电话：010-88361066
010-88379833
010-68326294

网络服务
机 工 官 网：www.cmpbook.com
机 工 官 博：weibo.com/cmp1952
金 书 网：www.golden-book.com
机工教育服务网：www.cmpedu.com

FOREWORD

推荐序

如今已经进入了 AI 时代，几乎所有人都会问一个问题：“ AI 会取代我的工作吗？”

的确，很多行业的工作，特别是流程化、标准化的工作，被 AI 取代已经成为现实，比如翻译、设计、文案……

那演讲这件事，总离不开人吧？也能被 AI 取代吗？

如果稍微把目光放长远一些，我认为这件事情并不夸张。现在很多直播间，就是一个虚拟数字人声情并茂地推荐商品，这不也是一种演讲的场景？只不过有的行业领先一步，有的行业后知后觉。

所以当作者问我，演讲的图书出得太多了，怎么写出新意时，我说：“机会来了，你可以写一本如何使用 AI 技术帮助演讲者更上一层楼的书，将你的专业知识变成 AI 小助理的技能，不就可以帮助更多的人了吗？”

今天看到作者的这本书，他真的做到了。

作者自己也说：“刚开始使用 ChatGPT 辅助生成和优化演讲学员

的稿件时，AI 生成的稿件只能达到 50 分左右的标准。到了 2023 年 5 月，ChatGPT 生成的演讲稿件和语料，特别是英语稿件，我个人认为已经达到了 90 分的标准，超过了非顶尖演讲教练修改的稿件了。”

更重要的是，过去人工修改一篇稿件需要 1 小时，现在只需要不到 1 分钟。

你看，AI 工具就是这么强大。

如果把演讲的技能进行拆解，其实可以分解为一系列的技能要素：如何分析听众？如何构思一个好的演讲主题？如何设计一段精彩的开场白？如何做一个吸引人的自我介绍？如何讲述自己的故事……

过去我们需要看很多书，学习很多知识，反复练习，才能入手，写出来的演讲稿往往还是不尽如人意。

但今天有了 AI 工具，用对提示词，在 AI 工具给出的底稿基础上，我们再去完善、润色。这样我们便拥有了一份更好的底稿了。

不仅如此，AI 工具还可以校对底稿，改变语言风格，增加金句，甚至加上小标题，变成 PPT 大纲，然后智能生成 PPT……

有了 AI 工具，演讲就不是那么让人生畏的事情了，不仅工作量和工作难度可以降低 90%，甚至工作质量还能提升 10 倍。

AI 工具未来就是 10 倍加速我们职场生产力的工作平台，不仅仅是演讲，所有的领域都能发现新的创造力空间。

AI 时代，不如就从作者的这本书、从演讲这个人人都应该拥有的能力开始体验，如何？

——秋叶品牌、秋叶 PPT 创始人，秋叶

PREFACE

自 序

演讲如何改变我的人生

我曾经是一个特别害怕上台的人，每次上台都会胃痉挛，严重时甚至呕吐，上台后经常大脑一片空白、忘词。那个时候的我，别说成为一名演讲者和专业的演讲教练了，就连上台正常说话，都做不到。

是什么给我带来了今天这样的巨变呢？个人总结下来，主要有以下几个阶段的努力。

第一阶段：突破内心的恐惧，做到敢讲

为了克服在台上的紧张感，我从中学开始就在父亲的鼓励下疯狂参加各类演讲比赛，其中也包括英语演讲比赛，以锻炼自己的英语口语。

第一次上台演讲的时候，我全程浑浑噩噩，只记得说了“你好”“对不起”几个词。

阅读本书的很多朋友，可能有和我相似的经历，在和朋友聊天时口若悬河，一旦上台，就像变了个人一样，缩手缩脚，口齿不清。其实直到今天，如果隔一段时间没有上台，我依然能够感受到上台前那种紧张和烦躁。我时常把紧张比作晕车，经常不坐车，就容易晕车；经常不上台，就容易晕台。

毕竟，好的演讲者，首先需要克服的就是面对讲台的紧张，只有不怕上讲台，才能利用好讲台。在本书中，我根据相关心理学机制，结合多年的学习和经验，提炼出一些亲测好用的方法和技巧，以帮助大家更好地克服紧张，敢于上讲台。

第二阶段：敢讲更要能讲，演讲方法不可缺

克服紧张，敢于上讲台，只是演讲的第一步，要做好演讲，系统的方法更加重要。

我第一次参加演讲比赛时，取得了第一名的成绩，当然，是倒数的。那种滋味现在我都还记得。好不容易厚着脸皮上台，而且付出了很多努力，把稿子背得滚瓜烂熟，为什么还是取得那样的结果呢?

事实证明，失败乃成功之母，只是这个成功有点难产。在前十年的上台经历中，几乎都是失败的，我从来没有在任何演讲比赛中拿到过名次。

直到我系统学习演讲思维和方法后，就像打通了任督二脉一样，开始了蜕变之旅：一次次地突破自我，取得了越来越好的成绩。

有些朋友可能也有相似的疑问：很想提高演讲表达水平，看似也付出了长时间的努力，但总是感觉原地踏步，收效甚微。

有个类似的问题是这样的：为什么你开了几十年车，驾驶技术依然不高，而专业训练了两年的赛车手，就能驾驶赛车取得好成绩？

因为很多练习，其实只是无效的重复，只有结合科学系统的方法、进行专业的练习，才能发挥真正的作用。科学系统的方法，不仅包含技巧、方法，更需要理解背后的逻辑。只有这样才能真正做到触类旁通，应用自如。

特别是在AI时代，更多基础的写稿和准备工作被ChatGPT等AI工具替代，理解演讲技巧背后的底层思维和逻辑，就显得更加重要。只有知其然，更知其所以然的人，才能更好地用好AI工具，让自己的演讲能力和表达水平实现加速提升。

我是从2022年12月，ChatGPT上线不久便开始使用它了。

过去半年，我一直使用ChatGPT高效地梳理演讲思路、提供素材、整理结构、补充内容甚至是生成语料和稿件。毫不夸张，ChatGPT让我的演讲准备和辅导效率提升了很多倍。

但也有朋友使用了AI工具后，发现它提供的答案并不好用。

使用AI工具的关键在于提示词（Prompts）。只有提供好的提示词，才能让现阶段的AI工具输出令人满意的答案和稿件。有时候，如果提示词到位，稿件甚至几乎不用修改。

好的提示词的关键，在于对演讲底层思维和逻辑的认知。AI工具就像一个人的超级助理，但前提是使用的人要懂原理，给出符合底层逻辑的提示，AI工具就能输出令人更加满意的答案。

作为一名演讲教练，我结合多年的演讲学习和辅导经验，以及对AI工具的使用总结，在本书中给出基础的演讲底层逻辑和技巧，以帮助大家快速提升演讲能力和准备效率。

毕竟，替代你的不是 AI 工具，是善用 AI 工具的人。

第三阶段：能讲更要会讲，演讲高手需要多维能力

有些人认为，演讲就是展现口才。

你有没有发现，虽然有的人一上台就口若悬河、滔滔不绝，但是观众就是不会被打动。而有些人，虽然感觉口才一般，但是听他们的演讲，总是会被打动甚至感动，并受到他们的影响，改变想法乃至行为。

我曾经系统研究了二十年的 Toastmasters 世界英语演讲比赛冠军，也和其中的几位有过现场交流。他们中有一半以上的人都不是以英语为母语的，甚至有些冠军英语发音并不标准，口音非常重。

我曾辅导过的双语演讲冠军，他们也都不是比赛中语言能力最强的选手，有些甚至语言能力一般。

但为什么，他们可以在演讲比赛中发挥出冠军级的水平呢？

因为演讲，远远不仅是语言表达这么简单。

做演讲其实是一个人综合素质的体现，包含逻辑能力、讲故事能力、语言表达能力、洞察能力、情绪管理能力、知识面、临场发挥甚至领导能力和幽默感。

我过去也不明白这个道理，只是单纯地在语言方面做文章，为了在英语演讲比赛中取得好成绩，甚至把新概念英语全部背了一遍；在准备中文演讲比赛时，还专门请教了文学高手，设计了一大串自以为优美的排比句。

结果，现实是残酷的，无一例外，我的演讲成绩都很差。

当我系统学习和研究了演讲体系之后，我才发现，好的演讲，必须要有清晰的结构，开场、中间、结尾各司其职，服务于要传达的思想。

好的故事能帮助我们动之以情，让听众更能体会到我们的真情实感并且产生强烈的代入感。

洞察能力能够帮我们深刻体会到听众需求，随时掌握听众的动向，从而使演讲更深入人心。

情绪管理能力可以帮助我们调动听众的情绪，让听众的情绪跟随演讲节奏起伏，从而更好地掌控听众的注意力。

知识面、临场发挥、幽默感等，都能帮助我们实现一次更好的演讲。

总之，演讲高手需要拥有多维能力，才能真正做好演讲。

毕竟，我们进行演讲的目的是更好地影响他人，甚至改变他人。如果不走进听众的内心，这是无法做到的。

这也是有人学了很多口才课，但依然做不好演讲的原因。

单纯的口才训练，只是训练一些外在的内容，比如手势、体态、声音和语句。这当然也有作用，但并不是演讲的真正核心。

我希望结合过去辅导上万名学员的经验和服务数十家大型企业的洞察力，通过本书告诉大家如何有针对性地训练这些能力，并且结合最新的 AI 工具，让大家的学习和训练过程更加高效。

差的演讲走形，好的演讲走心。

第四阶段：会讲更要巧讲，学好演讲机会倍增

说起演讲，很多人的想法是公众表达，上台才是演讲。

曾经的我，也是这么认为的。

直到后来，我才发现，人生处处是演讲，学好演讲绝对会让你的人生机会倍增。

我之前学习演讲，疯狂参加各种演讲比赛，想法很简单，就是锻炼上台的勇气，顺便培养语言表达能力。

后来我却发现，演讲远远不只是上台面对很多听众做公众表达。演讲的能力一旦练成，通过不断精进，完全可以在更多场合得到应用。有些场合，甚至直接决定了你的人生轨迹和命运。

试想一下，如果你能在面试中更好地应用演讲能力，准确把握岗位的需求，给面试官留下深刻的印象，你是否更容易得到一个心仪的职位？

当你做一场重要的工作汇报时，如果能更有逻辑和层次地表达，数据清晰、分析准确，是否更容易获得领导的青睐，获得更多升职加薪的机会？

当你是一名创业者，需要通过路演获得投资时，如果能更准确地洞察趋势及投资人的需求，在表达中言简意赅、重点突出，使优势得到有效体现，是否更容易争取到投资？

当你是一名CEO，需要开一场产品发布会时，如果能够设计一场逻辑清晰、节奏紧凑、优势突出且有代入感的发布会，是否更容易获得更好的销量，甚至是“出圈”呢？

当你是一名演讲比赛选手时，如果能准确把握比赛的主题，搭配合适的故事，文稿结构清晰，内容晓之以理、动之以情，表达真切、感人肺腑，是否更容易脱颖而出，获得好的成绩呢？

此类场景还有很多，演讲能力是让人受益终生的能力，往往能起到四两拨千斤的作用。通晓演讲的底层逻辑，坚持科学的训练方式，并且在关键的时候、合适的场合、采用适当的方法使用出来，也许就能给我们的人生带来巨大的转机和改变。

如果没有演讲能力，我就不可能实现职业生涯的成功转型，从一名深居简出的“理工男”变成辅导了上万名学员的培训师。

如果没有演讲能力，我就不可能在上万名专业培训师参加的中国讲师大赛中拿到全国前十名。

如果没有演讲能力，我就不可能从曾经自卑的我，成长为如今自信的自己。

这一切，都是曾经在演讲道路上屡战屡败、屡败屡战的我经历的。原本如此恐惧讲台，而又缺少天赋的我都能做到，相信读到本书的你们，同样也可以做到。唯一需要的，只是更加系统科学的路径。

本书提供的**敢讲**、**能讲**、**会讲**、**巧讲** 4 步路径，不仅是我个人从“小白”到演讲高手的亲历之旅，也浓缩了辅导上万名学员的经验，更是每一名演讲学习者可以遵循的成长道路。

希望我走过的每一个误区，绕过的每一个弯路，都能成为托起你们的山峰、守护你们的港湾。

你准备好了吗？

FOREWORD

前　言

随着科技的进步，特别是人工智能技术的快速发展，社会对于人们演讲表达的要求越来越高。ChatGPT 一经推出，就能很好地应用到演讲场景中。过去半年来，我大量使用 ChatGPT，10 倍提升了演讲写作及准备效率，相信未来 AI 的应用会释放出更多更广泛的需求。

这也是我写本书的初衷。本书结合了我多年演讲表达的培训经验和体系化的课程内容，并在每个知识点和章节中都融合了最新的 AI 提示词方法，不仅能让大家系统地掌握演讲表达的体系化知识，逐步学习如何提出并表达各种问题，还能快速上手 AI 工具，极大地提高学习演讲表达的效率，助力我们的工作和学习，提升在学校和职场的竞争力。

本书结合 ChatGPT 探讨了演讲表达方法，具有很强的现实性和实用性。我系统地为数十家企业及上万名各类学员提供过演讲沟通培训，并培养了多名演讲冠军，本书内容参照培训体系设计，注重系统性和体系性。

本书适合希望系统提升演讲表达能力的学生、职场人士、关注人工智能对社会和职业影响的人群，以及希望用好 ChatGPT 等 AI 工具、提升自身演讲表达能力的朋友。

在此分享 3 个阅读视角，帮大家更好地使用本书。

1. 工具书视角

本书可以视为一本结合 ChatGPT 的演讲工具书，每个章节都有 ChatGPT 的实操运用和案例，手把手教大家输出自己需要的各类稿件、故事和其他文本内容，所涉及的提示词及工具可以拿来即用，帮助大家快速上手，10 倍提升演讲写作及准备效率。

2. 方法书视角

本书也可以视为一本演讲的系统方法书，内容结构按照**卓越演讲五步模型**，即**智讲**、**敢讲**、**能讲**、**会讲**、**巧讲**，帮助大家系统学习演讲表达，建立较为完整的演讲知识体系。

3. 思维书视角

本书还可以视为一本讲解演讲底层逻辑思维的书。要真正成为演讲表达高手，不仅需要“术”，更需要“道”。要玩转 ChatGPT，做到举一反三，需要理解提示词背后的设计原理。本书包含了底层逻辑讲解，并用金句的形式进行提炼，也是我多年的演讲培训经验总结。

本书既可以作为学习工具使用，又可以用来沉淀思维和方法。

我期待本书能为读者带来更多收获。感兴趣的读者可以添加小安老思个人微信（ycz8305或AIanderson）或添加小安老思公众号（关注微信公众号Xiaoanchat，回复AI），获取“100句AI常用提示词”及“108个常用AI工具集”。

现在，让我们开始这段旅程吧！

CONTENTS

目　录

Artificial Intelligence, AI

CHAPTER 1

第1章

智讲：善用 AI 工具，每个人都能高效演讲

1.1 AI 时代，为什么一定要学习演讲

当下的热门话题，莫过于 AI。

很多人在关心，以 ChatGPT 为代表的 AI 工具，会在多大程度上替代人类？

2022 年 11 月 30 日，ChatGPT 正式发布，Chat 是对话和交流的意思，而 GPT 是 Generative Pre-trained Transformer 的缩写，是指基于 Transformer 架构的预训练语言模型，用于生成自然语言文本。

简而言之，ChatGPT 通过对话形式与人进行交流，并通过提示完成任务或者给出答案。

AI 这个话题已经火了很多年，但 ChatGPT 上线后，成为史上增速最快的消费级应用，仅仅用了 2 个月，月活用户就达到 1 亿人。为什么这次 GPT 如此火爆？

因为 ChatGPT 给出的答案真的很靠谱。

我们来看看让 ChatGPT 介绍一下它自己，它给出的答案。

请简要介绍一下你自己。

当然！我是 ChatGPT，是由 OpenAI 开发的一种基于 GPT-3.5 架构的大型语言模型。我经过大规模的训练，拥有广泛的知识和语言理解能力。

作为一个语言模型，我的目标是理解并回答用户提出的问题或请求。我可以讨论各种话题、提供信息、解答问题、提供建议，或者只是进行有趣的对话。

我被设计用于协助用户获取他们所需的信息，并提供有帮助的回

答。我可以回答关于科学、历史、文化、技术、娱乐等众多领域的问题。然而，需要注意的是，虽然我尽力提供准确和可靠的信息，但我并不具备实时更新的能力，我的知识截止于 2021 年 9 月。

请随时向我提问，我将尽力为你提供满意的答案！

我们也可以问它几个常见的问题。

读书有什么好处？请帮我列举 5 点。

当然。读书有许多好处，以下是其中的 5 点：

（1）知识与信息获取：读书是获取知识和信息最常用的途径之一。通过阅读，你可以学习各种各样的主题和领域的知识，扩展你的视野和理解力。

（2）提升语言表达和沟通能力：阅读丰富的文学作品、优秀的散文或专业书籍可以帮助你提高语言表达能力。你可以学习不同的写作风格、词汇用法和句子结构，进而提升自己的沟通能力。

（3）拓宽思维和创造力：阅读能够启发你的思维，拓宽你的视野，并激发创造力。通过阅读不同类型的书籍，你可以接触到不同的观点、思想和想象力，从而培养出独特的思维方式和创新能力。

（4）减轻压力和放松心灵：阅读是一种有效的减压方式。当你沉浸在一本好书中时，你可以暂时忘却现实的烦恼，进入一个安静、宁静的世界，从而减轻压力，放松心灵。

（5）心智发展和个人成长：阅读可以促进你的心智发展和个人成长。通过接触不同的观点和人物角色，你可以理解和认识到不同的生活方式、价值观和情感体验，培养同理心和人际交往能力。

这仅仅是阅读的一些好处的例子，读书还可以帮助你提升批判性思维、培养专注力、丰富生活经验等。无论是在学术领域还是个人成长方面，读书都是一项非常有益的活动。

作为一名好老师，应该满足哪些要求呢？

作为一名好老师，以下是一些常见的要求和特质：

（1）热爱教学：好老师对教育有热情，享受与学生互动和知识传授的过程。

（2）知识专业性：好老师具备广泛的知识，并持续学习和更新自己的专业知识。

（3）教学技巧：好老师掌握多种教学方法和技巧，能够根据学生的不同需求和学习风格进行灵活教学。

（4）清晰表达能力：好老师能够以清晰简洁的语言表达自己的思想和教学内容，使学生易于理解。

（5）个人素质：好老师具备良好的道德品质和职业操守，能够以身作则，成为学生的榜样。

（6）激发学生潜力：好老师能够发现学生的优点和潜力，并通过鼓励和激励帮助他们实现个人成长和进步。

（7）个性化关注：好老师关注每个学生的个体差异，尊重他们的需求和背景，为他们提供个性化的教育支持。

（8）建立积极的学习环境：好老师营造积极、支持和尊重的学习环境，鼓励学生参与讨论、提问和思考。

（9）反思和改进：好老师不断反思自己的教学方法和效果，并愿意根据学生的反馈和需求做出改进。

（10）善于与家长和同事合作：好老师与学生的家长和同事保持良好的沟通和合作，共同促进学生的学习和成长。

这些要求可能因不同的教育水平、学科领域和文化背景而有所差异，但总的来说，好老师应该具备以上特质，并不断致力于提高教育质量。

好的演讲者有什么特点？

好的演讲者通常具备以下特点：

（1）清晰的目标和结构：好的演讲者清楚地定义了他们的演讲目标，并以逻辑清晰的结构来组织演讲内容。他们能够在演讲中引导听众，使他们容易理解并跟随演讲的思路。

（2）强大的沟通能力：好的演讲者具备良好的口头表达和非语言交流能力。他们运用准确、生动的语言，清晰地传达信息。同时，他们的身体语言、声音、眼神等也能够与演讲内容相呼应，增强演讲的说服力和吸引力。

（3）良好的演讲技巧：好的演讲者掌握了各种演讲技巧，并能够灵活运用。他们懂得如何运用故事、幽默、比喻等手法来吸引听众的注意力，让演讲更加生动有趣。此外，他们也懂得如何运用声音的变化、节奏的控制等技巧来增强演讲的效果。

（4）深入的主题知识：好的演讲者在演讲的主题领域具备丰富的知识。他们进行充分的研究和准备，以确保演讲内容的准确性和专业性。通过对主题的深入理解，他们能够回答听众的问题，提供具体的例子和实证，增强演讲的可信度和说服力。

（5）自信和魅力：好的演讲者展现出自信和魅力，能够吸引听众的关注并赢得他们的信任。他们表现出良好的演讲姿态和态度，以及积极的情绪和氛围，使演讲过程更加令人愉悦。

（6）考虑听众需求：好的演讲者注重听众的需求和利益。他们了解听众的背景、知识水平和兴趣，根据这些因素调整演讲内容和风格，使演讲更具针对性和吸引力。

以上回答是不是思路和逻辑都很清晰？

以前，我们和计算机打交道，相互看不懂对方的语言。如果想让计算机帮我们完成某项任务，我们就得学习计算机语言，也就是程序语言，然后通过编程实现所需的功能。

现在，计算机不仅能看懂人类的自然语言，而且能给出颇具人情味儿的回答，计算机更像人了。你说这不厉害吗？

很多原本需要人完成的工作，可以逐步由 AI 工具完成了，AI 可以代替：

（1）媒体工作者。

（2）办公室文员。

（3）短视频制作人。

（4）大部分公众号作者。

（5）金融分析师。

（6）部分律师及法律顾问。

（7）部分医生。

（8）部分科研工作者。

……

看到这里，你是不是隐隐有一丝担心？人的出路在哪里？我是否会被替代？我现在的职业安全吗？我的孩子的出路又在何方？哪些能力是 AI 时代必备的？我应该学习什么？

结合本书要讨论的内容，先下一个结论：

AI 时代，演讲能力会变得更重要。

为什么演讲能力会变得更重要？

首先我们来看一下，哪些类型的职业和能力容易被 AI 取代。

容易被 AI 取代的职业有三个特点：不怎么费体力、不怎么费脑子、不产生额外信息。

你会发现，上文罗列的职业，就具有以上三个特点。

首先，以上职业基本都是所谓的“白领职业”，和“蓝领职业”，如工人、施工人员、保洁员等相比，是不需要付出太多直接的体力劳动的，付出的更多是脑力劳动。

但这些工作，本质上却不怎么费脑子，为什么这么说呢？

因为真正的费脑子的工作，是需要创新的。

很多媒体工作者，更多是整合已有的信息，并且用较为固化的模式和模板，快速输出报道，特别是新闻类的一些媒体工作者更是如此。很多媒体工作者的核心能力，其实是快速获取信息、筛选和整合信息的能力。这一点，正好是 AI 所擅长的。

普通文员本质上也是利用已有的文件、文档，套用相对固定的模式，输出一些常见的文本或者公文。这一点也是 AI 擅长的。

甚至是一些传统高薪职业，比如说金融分析师，就是把一些公开的数据，套用公式，并根据相对固定的模板进行整理，输出成报告。

今天很多医生，主要依赖的是各种类型的报告，然后通过报告上的数据进行诊断。人类的经验积累起到的作用越来越小。

大部分智力劳动者工作的本质是：不产生或很少产生新的信息，而主要是对已有信息和知识的积累与整合，很多表面上的创新，其实仅仅是知识的重新组合和整理而已。

这也是传统教育的路径。我们通过在学校里十几年甚至是更长时间的学习，完成了知识的积累，然后逐步对知识进行整合，再结合工作中的实际经验，把知识进行重新组合和整理，从而获得解决问题的方法和能力。

但今天，我们多年积累的知识和经验，在基于神经网络和大数据的 AI 面前，变得不值一提。AI 轻易就能掌握人类数千年积累的海量知识，并在人工神经网络的加持下，快速学习，并且建立知识的联系，从而生成解决方案。

如果看过 ChatGPT 4.0 的线上发布会，你会发现，只要画一张手绘草图“喂”给 ChatGPT 4.0，几秒后它就能给你做出一个类似这个草图的网站。美国研究生入学考试数学满分 170 分，ChatGPT 4.0 轻松考到了 163 分。给 ChatGPT 4.0 提供几份你平时的工作文档，ChatGPT 4.0 很轻松地就能整合这些文档，提取关键信息，帮你写一份基于这些文档的总结报告。

读到这里，你是不是有些不寒而栗？更可怕的是，AI 还在以很快的速度进化。我 2021 年 12 月刚开始使用 ChatGPT 辅助生成和优化演讲学员的稿件时，它生成的稿件，只能达到 50 分左右的水平。但随着 ChatGPT 的进化和我提示词水平的提升，到 2023 年 5 月，

ChatGPT 生成的演讲稿件和语料，特别是英语稿件，我认为已经达到 90 分的水平，已超过了非顶尖的演讲教练修改的稿件的水平，更别提普通英语老师修改的稿件了。

以前我修改一篇稿件需要 1 小时，现在只需要不到 1 分钟。

面对 AI 的高速进化，我们能做的是什么呢？是坐以待毙，还是积极拥抱变化？

首先，我们需要更多地锻炼那些 AI 不能替代的技能。

比如创造性思维、人际交往和情感联系、健康护理、手工操作等。

演讲就是这样一种能力。

AI 再强大，也不能替代人去演讲。通过提升演讲能力，我们可以在 AI 时代更好地建立人与人之间的情感连接，从而更好地解决问题。

演讲还能锻炼我们的思维能力。整个过程不仅能帮助我们整合知识、应用知识，而且能通过输出带动输入的方式，提升我们的创造性思维。

更重要的是，演讲能力和沟通能力相通，通过提升演讲能力，通常我们都能更好地提升沟通能力、触类旁通，从而达成更好的人与人的沟通效果，创建更强的影响力。

未来，人不仅要会干，更要会讲。

AI 时代，演讲已经不是一个可选技能，而是变成了一个必会技能。演讲能力越来越重要。

1.2 掌握 3 种 AI 思路，每个人都能学好演讲

AI 时代，演讲技能变得更重要，而传统的演讲能力则需要重塑。

所谓重塑，就是利用好 AI，更高效地提升表达能力和准备效率，使每个人都能更容易地学好演讲。

优秀的演讲者，主要有三个方面的能力，分别为：输入、整理和输出。

首先是输入。输入就是学习知识和获取信息。很多人觉得演讲主要是讲，因此是输出更重要。但其实输入同样很重要，因为输入是输出的前提。

如果没有足够的演讲能力积累，我们是无法向听众输出高质量的内容的。你有一桶水，往往只能取出一勺水。

其次是整理。就像一桌美味佳肴，有了好的食材，还需要好的厨师整理加工食材。演讲者要把内容进行整理组合，判断哪些故事有用、哪些数据出彩，并且把适合的内容放在合适的位置上。

最后是输出。我们需要掌握演讲的技术，把好的内容更好地呈现出来，达到演讲或者沟通的目的。

针对这三个方面，现阶段的 AI 都可以给我们赋能，帮助我们表现得更好。

首先，从输入这方面来看，我们主要的痛点和问题是：“缺想法”和“缺内容”。

对于这两个常见的问题，我们可以通过采用合适的提示词来解决，让 AI 提供更多的灵感和思路，从而帮我们找到演讲的切入点和

扩展点。AI 同时可以提供很多丰富的素材和案例，帮助我们更好地充实演讲的内容。这些内容和单纯通过搜索得到的内容不同，都是通过 AI 提炼和加工的，有“原创性”，更好用和易用。

毕竟，每个人的知识都是有限的，但很多时候工作和学习对输出的要求又很高，现学现卖时间不够，也不现实。有时候，一想到缺乏相关的知识和积累，就不得不放弃好的演讲和展示的机会。以后再遇到这种状况，AI 就能很好地帮助我们。

其次，从整理这方面来看，主要问题是：“没逻辑”和“缺结构”。

很多朋友有了一些素材，但是不知道如何高效地整理好素材，写出一篇满意的演讲稿。一篇好的演讲稿，需要有明确的主题、清晰的结构、好的故事、金句，开头、中间和结尾都需要巧妙设计，从而吸引听众，传递和表达思想。这几个方面，AI 都能很好地帮助我们。我们甚至可以通过准确的提示词，让 AI 直接帮我们生成一篇高质量的稿件，极大地减少备稿工作量，彻底治好“写稿拖延症”。

最后，从输出这方面来看，存在的主要痛点是：“缺表达”和“不会应用”。

演讲表达的一个核心关键，就是要讲好。同一篇稿子，两个不同的人去演讲，效果可能完全不同。从视觉和听觉两个方面提升演讲表现，才能讲出稿子的精髓。AI 可以扮演一个很好的教练或者助理的角色，帮助我们解决在演讲训练中出现的问题，也可以结合多场景的应用，给出好的策略，提升我们的演讲表现。

简要总结一下，从以上 3 个方面着手，AI 不仅可以快速地为我们提供演讲的灵感和素材，帮助我们整理演讲结构，梳理内容和案例，还可以扮演初级演讲教练的角色，优化稿件，辅助我们进行一些基础的训练，并给出有效的反馈。

在本章接下来的内容中，我会基于演讲表达的系统知识和 ChatGPT 生成语句的原理，并结合以上 3 个方面，向大家分享如何利用 AI 更好地解决“缺想法”“缺内容”“没逻辑”“缺结构”“缺表达”“不会应用”等问题，让 AI 给出你满意的答案。

1.3 巧用 ChatGPT 提示词公式，快速成为演讲高手

要用好 AI，关键点是写好提示词（Prompts）。只有给出准确的提示词，AI 才能给出我们满意的答案。

很多朋友认为 AI 不好用，其实是因为没有给出准确的提示词。

如何才能给出准确的提示词呢？

以下关于 ChatGPT 工作原理的讲述可能让人感觉稍微有点难理解，但是对于了解它的工作机制，设计提示词有指导作用。如果你觉得以下部分难理解，可以选择性跳过，直接看 ChatGPT 的提示词公式。

ChatGPT 的工作原理，主要涉及**语料训练**、**输入理解**、**上下文记忆**和**生成回答**四个关键点。

语料训练：我们需要“喂送”大量的语料给 ChatGPT，以进行训练。在训练过程中，ChatGPT 会基于之前的上下文信息，尝试预测下一个词语。通过这个训练过程，ChatGPT 逐步学会理解语法、语义和常识，直至生成合理的文本。

这点 ChatGPT 和人很像，就是需要先大量学习输入，才会输出。

输入理解：当你提出一个问题或者输入一段对话时，ChatGPT 会对输入进行理解，分析输入的语句结构、语法和语义，提取关键信息。

你输入的信息越清楚、准确，ChatGPT 就越容易提取关键信息。

上下文记忆：ChatGPT 会将输入内容与之前的对话历史连接起来，形成一个上下文。这个上下文可以帮助 ChatGPT 更好地理解你的问题，并且基于对话历史来生成合适的回答。

简而言之，ChatGPT 每一个新对话里的问题，其实是相互关联的。

生成回答：基于输入的理解和上下文记忆，ChatGPT 会使用训练得到的模型来生成问答。它会考虑语法、语义、常识推理以及之前的对话历史，生成一个合适的回答。

举个例子，假设你问 ChatGPT："明天天气怎么样？"首先，ChatGPT 会通过输入理解步骤分析这个问题的语法和语义，从而识别出你在询问关于明天的天气。然后，它会将这个问题与之前的对话历史连接起来，以获取更多的上下文信息，例如之前的天气讨论或相关的主题。

接下来，ChatGPT 会利用它在训练阶段学习到的知识和语言规则来生成回答。它可能会考虑当前的季节、地理位置以及天气预报等因素来生成一个回答，比如"根据天气预报，明天会是晴朗的天气。"

在生成回答的过程中，ChatGPT 会尽量使回答合乎常识和语法，并且尝试与之前的对话保持一致。它可以基于对话历史中的问题和回答进行推理，提供相关的信息或者进一步探索对话话题。

总结一下，ChatGPT 的工作原理涉及输入理解、上下文记忆和生成回答三个关键步骤。它在回答问题时，利用在训练阶段学习的语言规则和知识，结合上下文信息生成合理的回答。这种方式类似于一个理解能力强、有丰富知识的朋友与你对话，根据你的问题和之前的对话历史给出回答。

上面的解释和例子可能有点抽象，但对理解什么是底层逻辑，从而设计更好的提示词，有很大的作用。

结合以上内容，好的提示词要有以下 4 个特点：

（1）角色化。当你明确了一个目标后，应该在提示词中给 ChatGPT 赋予一个角色，让它始终扮演这个角色。原理在于 ChatGPT 在训练过程中被“喂养”了太多语料，如果它的角色不明确，它给出的答案就会太宽泛，它的角色越明确，答案就会越准确、专业，越接近你想要的答案。

（2）具体化。你给出的描述越具体越好。原理在于 ChatGPT 输入理解的过程是利用数学模型进行概率分析，而不是真正理解语句的意思。因此，如果抽象描述过多，ChatGPT 准确找到相关语句的概率就会相应降低，就有可能误解你的意思，给出针对性不太强的内容。

（3）模型化。我们应当尽量把相关内容都放在一个对话中。原理在于 ChatGPT 会进行同一对话的上下文分析，从而给出更贴切的回答。如果上下文是关于一个主题的，就更有助于 ChatGPT 结合上下文，准确判断你的意图和意思。

（4）完善化。我们需要给 ChatGPT 提供一些补充信息，帮助 ChatGPT 更好地理解和完善答案。补充信息包含项目的背景信息、输出信息、描述方式等。按照信息论的相关原理，我们的补充信息越具体翔实，ChatGPT 越能输出让我们满意的答案。

结合以上好的提示词的 4 个特点，我总结了有 4 个步骤的流程模型（以下简称四步模型）。我们都可以套用这个流程模型，使用 AI 工具给我们赋能。

第一步：明确任务目标

在对 AI 工具发出指令之前，我们应该想好要用 AI 工具做什么。是提供一些思路和素材，还是整理结构、提供案例、编写故事，或是编写金句？输出的格式和形式有什么要求？只有明确了任务目标，我们才可以更好地让 AI 工具为我们服务。

第二步：新建一个对话

以 ChatGPT 这个 AI 工具为例，它会根据你输入的第一条内容取一个名字。建议自取一个名字，比如这个部分全部是和健康相关的金句，我们就可以取名为健康（Health）金句，并且在这个对话中只包含和主题相关的内容，以更好地利用上下文，输出满意的答案。这个过程其实就是建立模型，我们可以理解为一个对话对应一个模型，专注于解决一方面的问题。

第三步：发出提示词

明确任务目标后，下一步就要写出提示词。结合之前分析的好的提示词的四个特点，可以总结出提示词的基础公式：

提示词 = 角色背景 + 具体要求 + 任务目标 + 输出格式

这个公式是使用 AI 工具进行工作的核心，大家务必熟练掌握。我们先来逐一讲解一下。

（1）角色背景是指我们需要首先给 AI 工具定义一个角色，告诉 AI 工具它是谁，需要做哪方面的工作。针对演讲的主题，我们可以给 AI 工具输入一个这样的指令："你现在是一名专业的中文演讲教练。"这句话中包含角色、语言等信息。

一般角色只要简单定义下就可以了，如果你的要求比较特殊，例如需要开一场专业的发布会，目标是推动产品的销售。你就可以再补充一下提示词，例如："你现在是一名专业的中文演讲教练，特别擅长利用发布会演讲，促进产品销售。"总之，角色背景描述得越清晰，输出内容就越聚焦越有针对性。

（2）具体要求是指我们提的任务要求要尽量具体、细致一些，就像领导给你安排一项任务，说得越具体详细越能帮助你理解他的意思。具体要求可以包含任务的背景信息、内容、演讲者年龄等。

背景信息这一点很重要，可以包含以下五个方面的内容：

1）谁说（谁做演讲）。

2）说给谁听（听众是谁）。

3）什么场合下说（演讲场景）。

4）使用什么风格（演讲风格）。

5）要达到什么目的（演讲目标）。

以上 5 个方面的内容不一定全包含，但是信息越全面，AI 工具的发挥就越好。具体应该如何输出，我会在后面的相关章节中进行详细介绍。

（3）任务目标是指把第一步确定的目标，描述在这里。我建议尽量使用具体的语言，减少使用抽象的描述。

（4）输出格式是指我们一定要规定好 AI 工具输出的格式是什么，否则可能离你的要求相差甚远。格式包含字数、输出节奏（是一步步输出，还是一次全部输出）、输出形式（表格或文字）等。

以上内容是在我们需求清晰的前提下。还存在另外一种情况，就是我们不太清楚自己的具体需求是什么。此时，提示词不用那么具体，这样 AI 工具就能提供更宽泛的内容，说不定会给我们带来很多惊喜。

输入提示词后，AI 工具就会开始工作，我们只需要默默等待输出就好。这里要注意两点：英文的输出一般会较快，而中文输出涉及翻译的过程，所以会变慢；网络稳定性等也会影响输出速度。如果是免费版本的 ChatGPT，由于现阶段每条输出的数量受限，在输出过程中出现中断，你需要再打一个“继续”，就可以连续输出了。

如果在输出的过程中，我们发现提示词有误，或者需要有改动，也可以单击“中断输出”，重新输入提示词。

第四步：完善提示

第三步结束后，AI 工具就已经完成输出了，但是它输出的内容不一定符合你的要求。因此，接下来我们需要进行最后一步：完善提示，通过润色让 AI 工具的输出更有“味道”，特别是通过一些带有个人风格的提示词，让他人感觉这个稿件就是你写的。

掌握了以上四步模型，我们就能针对不同的目标、场景和需求，让 AI 工具帮助我们快速形成自己需要的内容。

1.4 无话可说？ChatGPT 帮你挖掘演讲素材和主题

当你接到一个演讲任务时，开始遇到的问题，可能是“缺想法”和“缺内容”，不知道说些什么。

你可能觉得，“书到用时方恨少”，怪自己平时积累不够。但实际情况是，即使对于经验丰富的演讲专家，接到演讲任务，要想找到一个好的主题和切入点，也要颇费一番功夫。以前，我们采用的方式可能是，找一些相关书籍，或者直接在百度等搜索引擎上搜索资料，再或者咨询一些专业人士，甚至要很多人一起头脑风暴，以寻求灵感。

但采用这些方式获得的资料，内容质量往往得不到保证，现在有了 AI 工具，可以产生源源不断的创意和想法。

我将结合一个案例，采用上一节提到的四步模型，和大家分享用 ChatGPT 产生创意的方式。

假设你要参加部门的竞聘，需要做一个竞选演讲，但你从来没有做过类似的演讲，如何来获取一些思路呢？

你可以先直接输入一个指令，看看 ChatGPT 的生成结果。

我要参加部门的竞聘，需要做一个竞选演讲，请给出一些创意和想法。

当准备一个竞选演讲时，有几个关键点可以帮助你吸引观众的注意并传达你的想法。以下是一些创意和想法，可以帮助你准备一个成功的竞选演讲：

（1）个人故事：开始你的演讲时，讲述一个与你个人经历相关的故事。这可以是一个挑战、一个成功故事或者一个改变你对这个部门的看法的经历。通过分享你的个人故事，你可以与观众建立情感连接，并展示你的动力和决心。

（2）使命和价值观：强调你对该部门的使命和价值观的重视。说明你是如何与这些使命和价值观产生共鸣，并如何将其体现在工作中的。强调你对于这个部门的热情和投入。

（3）创新想法：提出一些创新的想法和解决方案，以提升部门的效率、创造力或成果。展示你的洞察力和前瞻性思维，说明你对该部门的发展有清晰的思路，并能够为其带来积极的变化。

（4）团队合作：强调你在团队合作方面的能力和经验。分享你过去与团队合作取得的成就，并说明你如何与他人合作，达成共同目标。突出你的领导能力和与他人建立良好关系的能力。

（5）激情和动力：展示你对这个职位的激情和动力。说明你为什么对该部门的工作感兴趣，以及你对于推动部门向前发展的愿景。通过传达你的热情，能够激发观众对你的支持和信任。

（6）效果和成果：分享你在过去的工作经历中取得的效果和成果。具体列举一些案例，说明你是如何通过你的能力和努力为组织带来积极影响的。展示你的专业知识和能力，以及你对于在该部门中发挥作用的自信心。

（7）领导才能：说明你对于领导才能的理解和实践。强调你的决策能力、解决问题的能力和影响他人的能力。提供一些案例或故事，说明你是如何在过去的经历中展示出这些领导才能的。

ChatGPT 输出了以上七条内容，帮助你扩展了思路，也提供了一些想法。

但问题是，以上内容显得不太聚焦，很多点过于宽泛，没法用在实际稿件中。

如果使用四步模型，答案会有什么不一样呢?

第一步，明确任务目标，你希望能在竞选演讲上取得好的表现，期待在竞聘中脱颖而出。你先记住这个目标，一会在提示词中需要输入进去。

第二步，新建一个对话，可以取名为专业演讲教练。在这个对话中，你需要给 AI 工具设定专业演讲教练这个角色。对话中的提问要和演讲相关，帮助 AI 更好地代入角色，给出更有针对性的回答。

第三步，按照四步模型书写提示词，**提示词 = 角色背景 + 具体要求 + 任务目标 + 输出格式**。

角色背景可以简单描述为："你是一名专业的演讲教练。"

具体要求为：**"我现在需要做一个竞选演讲，但我是一个演讲'小白'，以前从来没有做过类似的演讲。听演讲的是公司的领导，他们关注的点应该是竞聘者未来在销售部门总监位置上的表现。"**

这里的具体要求包含了几个部分，分别为：谁说（我是一个演讲'小白'……），这个信息可以帮助 AI 工具更好地了解你的基础水平；说给谁听（公司的领导），这可以让 AI 工具更好地分析听众需求；什么场合下说（竞选场景，他们关注的点应该是竞聘者未来在销售部门总监位置上的表现），这里把部门做了限定，并且简单分析了需求，AI 工具可以通过这条提示给出相应的内容。

任务目标为："我希望通过这个演讲能在销售部门的竞聘中脱颖

而出，请给我提供一些相应的思路和素材。”

由于你缺少相关的演讲经验，这次的任务目标还是设定为给出更多的思路和素材。

输出格式为：“我可以通过哪几个方面做这个竞选演讲，请用表格的形式输出。”

表格的形式相对来说更加直观，因此本次输出你设定采用表格形式。

我们来看看 ChatGPT 的输出。

你是一名专业的演讲教练，我现在需要做一个竞选演讲，但我是一个演讲“小白”，以前从来没做过类似的演讲。听演讲的是公司的领导，他们关注的点应该是竞聘者未来在销售部门总监位置上的表现，我希望通过这个演讲能在销售部门的竞聘中脱颖而出。请给我提供一些相应的思路和素材，我可以通过哪几个方面做这个竞选演讲？请用表格的形式输出。

当准备一个竞选演讲时，以下是一些可以帮助你脱颖而出并吸引公司领导的注意的思路和素材。我将按照表格的形式为你提供这些方面：

方面	素材
1. 个人介绍	强调你的销售经验和专业背景 提及你在过去的工作中取得的成绩和销售目标的实现 突出你在销售领域的独特见解和洞察力
2. 领导能力	强调你在团队领导方面的经验和能力 举例说明你如何激励和培养团队成员的能力 强调你的目标设定和执行能力
3. 战略规划	展示你对市场趋势和竞争环境的深入了解 提出创新的销售战略和市场推广计划的想法 强调你的解决问题和应变能力

（续）

方面	素材
4. 业绩管理	讲述你如何建立有效的销售业绩管理体系 强调你的数据分析能力和对销售数据的敏锐洞察 举例说明你的成功案例
5. 沟通协调	强调你在跨部门合作和沟通方面的能力 举例说明你如何协调不同团队之间的合作 强调你的谈判和说服能力
6. 培训发展	提及你在培训销售团队方面的经验和成功案例 强调你的持续学习和自我提升的态度 讲述你如何推动团队成员的成长
7. 激情动力	传达你对销售行业的热情和动力 强调你的自我驱动和积极影响他人的能力 讲述你如何克服挑战并保持积极心态
8. 结语和呼吁	总结你的竞选演讲的核心观点和亮点 呼吁领导们支持你的竞选并展望未来的合作关系 表达你对未来工作的承诺和期望

我们发现，当按照模型，给出更具体的要求后，ChatGPT 的回答质量明显提高了，很多思路我们甚至可以直接使用。

最让人感到惊奇的是，素材自动按照逻辑进行排序了：开始是个人介绍，中间是一些具体的部分，最后是结语和呼吁，看起来 AI 工具特别擅长按照总—分—总三段论的形式写作，这也是 AI 工具的一大特点——回答很有逻辑性。

在竞选演讲中，我们一般没有那么多的时间去展开讲 8 个方面。因此，我们需要浓缩演讲稿，给出更精华的内容，并且应该添加一些明确的个人风格，让这篇演讲稿的结构更有自己的“味道”。我们再完善下提示词，看看 ChatGPT 的回答。

竞选演讲的时间只有 5 分钟，以上表格中的内容能帮我浓缩到 3 个方面吗，主要突出我的领导能力、业绩管理能力和专业能力。我的特点主要是严谨认真，注重实干，结构中能突出这点吗？

当时间有限时，重点突出你的领导能力、业绩管理能力和专业能力是一个不错的选择。以下是一个浓缩的表格，强调这三个要点并符合你严谨认真、注重实干的风格：

主要要点	素材
1. 领导能力	强调你在团队领导方面的经验和能力 举例说明你如何激励和培养团队成员的能力 强调你的目标设定和执行能力
2. 业绩管理	讲述你如何建立有效的销售业绩管理体系 强调你的数据分析能力和对销售数据的敏锐洞察 举例说明你的成功案例
3. 专业能力	强调你的销售经验和专业背景 提及你在过去的工作中取得的成绩和销售目标的实现 突出你在销售领域的独特见解和洞察力

ChatGPT 竟然按照我“5 分钟”的提示，直接帮我输出了清晰的演讲结构。看来，如果提示词到位，AI 工具就会像一位好的秘书和助理，能预测我们下一步的需求。

通过这样的结构，你可以在有限的时间内突出你的领导能力、业绩管理能力和专业能力，并展现你严谨认真、注重实干的风格。确保在每个要点中提供具体的例子和实际成果，以支持你的陈述。以下是一个更详细的演讲提纲，以帮助你在 5 分钟内发挥出最大的潜能：

1. 开场（1 分钟）

- 介绍自己并表明竞选的目标。
- 强调你严谨认真、注重实干的风格。
- 激发听众的兴趣和好奇心。

2. 领导能力（1 分钟）

- 提及你在团队领导方面的经验和能力。
- 举例说明你如何激励和培养团队成员的能力。
- 强调你的目标设定和执行能力。
- 强调你对团队合作和协调的重视。

3. 业绩管理（1 分钟）

- 讲述你如何建立有效的销售业绩管理体系。
- 强调你的数据分析能力和对销售数据的敏锐洞察。
- 举例说明你的成功案例，包括达成销售目标和提高业绩的实际成果。

4. 专业能力（1 分钟）

- 强调你的销售经验和专业背景。
- 提及你在过去的工作中取得的成绩和销售目标的实现。
- 突出你在销售领域的独特见解和洞察力。
- 强调你的持续学习和发展，以保持专业竞争力。

5. 总结与呼吁（1 分钟）

- 简要总结以上三个要点并强调你的严谨认真、注重实干的风格。
- 呼吁领导们支持你的竞选并展望未来的合作关系。
- 表达你对未来工作的承诺和期望。
- 鼓励领导们与你进一步交流，以更深入地了解你的能力和愿景。

在演讲过程中，确保语言清晰、表达流畅，并利用适当的肢体语言和声音的变化来增强演讲的说服力和吸引力。最重要的是展示热情和自信。祝你在竞选中取得成功！

这一点从技术角度上看，AI 工具是通过预测模型，找出概率最大的下一句话和语句。人的思考和行为，往往具有一致性。因此，现阶段的大语言模型，已经初步具备预测我们下一步思考和想法的能力。

也许你会说，何必那么麻烦，直接让 AI 工具帮我们生成一篇演讲稿不就行了吗？还是之前那个问题，由于 AI 工具拥有海量的语料，需要结合提示词进行筛选，而我们很难通过几句简单的提示，就让 AI 工具掌握全部的背景信息和具体要求，因此它给出的稿件很难满足我们的所有要求。我建议还是通过一定的步骤让 AI 工具逐步输出，这样我们更容易拿到满意的答案。

总之，AI 工具有时候就像一个初来乍到的天才，虽然学富五车，但还是需要熟悉一下工作环境。耐心细致地引导，一步步地来，它才能给我们更满意的答案。如果提问者具备相关的专业性，能通过专业的方式提问，效果就会更佳。这就是即使有 AI 工具，我们也必须学习相关专业，懂得其背后专业逻辑的原因。

1.5　不会写稿？ChatGPT 直接生成高分演讲稿

在上一节中，ChatGPT 给我们提供了很多素材、思路和创意，也帮助我们梳理好了结构。但是一想到要写稿，有的人又为难了，不知道如何下笔，那 ChatGPT 能不能直接帮我们写稿呢？

当然可以。基于之前形成的素材和结构，ChatGPT 已经掌握了很多基本信息，在这个基础上，就可以开始让 ChatGPT 写稿了。

还是老样子，我们先看一下，如果直接让 ChatGPT 写稿，稿子会是什么样的？

请帮我写一篇销售部门的竞选演讲稿。

尊敬的领导、尊敬的同事们：

大家好！我是销售部门的候选人×××，非常荣幸能够站在这里，向大家展示我作为销售部门的领导者的能力和愿景。首先，我想对大家长期以来的支持和信任表示衷心的感谢。今天，我站在这里，不仅仅是为了竞选，更是为了与大家分享我对销售部门未来的美好愿景和我带领团队前进的决心。

作为销售部门的一员，我们面临着激烈的市场竞争和变革。然而，我坚信挑战也意味着机遇，而我们的销售团队有着巨大的潜力和能力来应对这些挑战。作为一个团队，我们需要紧密合作、相互支持，并始终保持积极进取的精神。我的目标是构建一个充满活力和凝聚力的销售团队，一个每个成员都能发挥自己最大潜力的团队。

在我领导下，我将专注于以下几个方面来推动销售部门的发展和成功：

第一，加强团队合作和沟通。团队合作是我们成功的关键。我将创建一个开放和包容的工作环境，鼓励团队成员分享想法和经验，促进信息共享和协作。通过建立良好的沟通渠道，我们能够更好地理解客户需求，提供更好的解决方案，并实现销售目标。

第二，持续培养和提升团队成员的能力。销售是一个不断变化的领域，我们需要不断学习和成长。我将组织培训和工作坊，帮助团队成员提升销售技巧、产品知识和客户关系管理能力。同时，我也会设立激励机制，激励团队成员积极进取，追求卓越。

第三，打造卓越的客户体验。客户满意度是我们成功的关键指标之一。我将注重客户体验的每个细节，从产品质量到服务态度，从售前咨询到售后服务，都力求给客户带来最好的体验。通过与客户建立长期的合作伙伴关系，我们将实现销售业绩的持续增长。

最后，我要强调的是，我相信领导者的力量。作为销售部门的领导者，我将以身作则，展示出坚定的决心和积极的态度。我将与团队一起面对挑战，鼓励团队成员超越自我，不断追求卓越。我将始终保持对团队成员的支持和关注，帮助他们克服困难，实现个人和团队的成长。

同时，我也希望与其他部门建立紧密的合作关系。销售部门不是独立运作的，我们需要与市场部、产品部、客户服务部等其他部门密切协作，共同实现组织的目标。我将积极促进跨部门的合作，打破壁垒，建立高效的沟通渠道，以便我们能够更好地满足客户需求，提供综合解决方案。

最后，我想再次感谢大家给予我这次竞选的机会。我坚信，通过我们团结一心、积极进取的努力，销售部门将迎来新的辉煌。让我们携手共进，为实现公司的发展目标而努力，为客户创造价值，为团队成员的成长提供支持和机会。谢谢大家！

谢谢！

我们可以看到，这篇演讲稿逻辑比较清晰，表达的意思也清楚，但依然存在很多问题，相对来说比较宽泛，并不能完全达到我们的要求。

还是使用四步模型，我们来看看 ChatGPT 的答案。

第一步，明确任务目标。我们希望能写出一篇精彩的竞选演讲稿，可以帮助我们脱颖而出，目标和之前基本一致。

第二步，沿用之前的对话框进行操作。ChatGPT 可以调用上下文，这样有助于其输出更有针对性的内容，因此在原对话框中继续进行对话是最好的选择。

第三步，按照四步模型书写提示词，**提示词 = 角色背景 + 具体要求 + 任务目标 + 输出格式**。

角色背景刚才已经进行了描述，这里可以略过。

请根据以上演讲结构，帮我写一篇竞选演讲稿，具体要求和之前一致，需要补充的是：听众是公司领导，因此语言务必简洁明快、直击重点，并且重点突出我的风格，这也是我的优势和领导比较看重的部分。

由于之前的要求已经包括了“谁说”“说给谁听”及“什么场合下说”等内容，这里的具体要求主要是做一些补充，补充演讲稿的语言风格，和一些其他的背景信息。比如重点突出“我”的风格，由于上文已经提到了自己的风格特点，在同一对话中 ChatGPT 是能记住相关信息的，这里就不用赘述了。

任务目标基本和之前一致，同一对话下，ChatGPT 可以通过上下文进行调用。

输出格式为：“演讲稿，字数按照 5 分钟演讲时长进行设计。”

看看这次 ChatGPT 的输出。

尊敬的各位领导、同事们：

大家好！我是销售部门的一员，非常荣幸能够站在这里，向各位展示我的领导能力、业绩管理能力和专业能力，并表达我对销售部门总监职位的渴望和承诺。

我一直以严谨认真、注重实干为我的工作风格。我相信，在当今竞争激烈的市场环境中，成功不仅仅取决于机遇，更取决于我们的努力和决心。作为一名领导者，我坚信领导能力是成功的关键。

在过去的几年中，我积累了丰富的团队领导经验。我不仅仅是一个领导者，更是一个激励者。我深知激励团队成员的重要性，因此我以身作则，为团队树立了积极的榜样。通过设定明确的目标和制订具体的执行计划，我带领团队实现了一次次辉煌的销售业绩。我相信，作为销售部门总监，我可以进一步发挥我的领导能力，激励团队成员实现更大的突破。

业绩管理是我的另一个优势。我善于建立有效的销售业绩管理体系，并且运用数据分析的方法来洞察市场趋势和销售机会。通过深入分析销售数据，我能够及时发现问题，并采取相应的措施来调整和优化销售策略。在我领导的团队中，我们取得了卓越的业绩，并且始终保持着持续增长的势头。作为销售部门总监，我将继续致力于业绩的管理和提升，确保销售团队取得更加出色的成果。

我对专业能力的追求从未停止。我具备丰富的销售经验和深厚的专业背景，这使我能够更好地理解市场需求和客户心理。我通过不断学习和实践，积累了独特的销售见解和洞察力。我相信，通过运用这些专业能力，我可以为销售部门带来新的思路和创新的方法，开拓更广阔的市场空间。

在结束之前，我想再次强调我严谨认真和注重实干的工作风格。我深知作为销售部门总监，我们必须时刻保持高度的责任感和执行力。我承诺在这个职位上，我将以严谨的态度对待每一个工作细节，注重团队合作，追求卓越的业绩。

各位领导、同事们，我衷心希望能够获得你们的支持和信任，成为销售部门的领导者。我相信，我所展现的领导能力、业绩管理能力和专业能力，与我严谨认真、注重实干的工作风格，将使我成为这个职位的最佳人选。

我期待与每一位团队成员紧密合作，激发出他们的潜力，共同实现销售部门的目标。我也期待与每一位领导密切合作，共同打造一个充满活力和成就感的团队。

最后，我真诚地邀请各位领导与我进一步交流，以更全面地了解我的能力和愿景。让我们携手并肩，共同开创销售部门的美好未来！

谢谢大家！

这篇稿子从三个方面入手，更符合我们的要求。

但稿子还存在明显的问题，比如过于平铺直叙，语言风格上稍有问题，文字从演讲角度来说不够精彩。

因此，第四步，我们再做一些调整。

可以补充一些案例吗？并且让演讲更故事化一些，其他要求，包括字数要求不变。

尊敬的各位领导、同事们：

大家好！我非常荣幸能够站在这里，与各位分享我的竞选演讲。我希望通过这次演讲，向各位展示我的领导能力、业绩管理能力和专业能力，并表达我对销售部门总监职位的渴望和承诺。

我一直以严谨认真、注重实干为我的工作风格。这一风格的形成源于我曾经的一次领导经历。在我之前任职的公司，我被委任为一个团队的领导者。当时，团队面临着严峻的销售挑战，市场竞争激烈，成员士气低迷。我深知作为领导者，我需要以身作则，激励团队成员迎难而上。因此，我决定亲自带领团队，与他们并肩作战。我每天早早到达办公室，准备充分，制订详细的销售计划。我与团队成员分享我的愿景和目标，激发他们的工作热情。在我坚持不懈的带领下，团队逐渐取得了突破，销售业绩大幅度增长。这次经历让我深刻认识到领导的责任和影响力，也坚定了我严谨认真、注重实干的工作风格。

业绩管理是我另一个突出的能力。我曾经在一家新兴公司担任销售经理的职位。当时，公司正处于起步阶段，面临着巨大的竞争压力。我深知要实现公司的销售目标，需要建立一个有效的业绩管理体系。我通过制定明确的销售指标，设定个人目标，激发团队成员的潜力。同时，我注重数据分析，在市场趋势和客户需求上保持敏锐的洞察力。我发现公司的产品在特定行业有巨大的潜力，于是组织团队针对这个行业展开精准的营销活动。在我领导下，团队不断创新，迅速获得了市场份额的提升，公司的业绩也持续增长。这个案例证明了我在业绩管理方面的能力，以及我的数据驱动思维。

我的专业能力得到了在过去的工作经历中的充分锤炼和发展。在我加入上一家公司之前，我对销售行业并不十分了解。然而，我抱着学习的态度，积极投入到工作中。我通过广泛的阅读、参加行业培训和与行业专家交流，不断提升自己的专业知识和技能。在与客户的沟通中，我学会了倾听他们的需求，理解他们的痛点，并能够提供定制化的解决方案。我还通过不断分析市场数据和竞争情报，深入了解行业趋势，以便为团队制定准确的销售策略。我的专业能力在过去的工作中得到了多次验证，我相信在担任销售部门总监职位时，我能够进一步发挥这一优势，为团队带来创新和竞争优势。

各位领导、同事们，我希望能够获得你们的支持和信任，成为销售部门的领导者。我相信，我的领导能力、业绩管理能力和专业能力，以及我严谨认真、注重实干的工作风格，将使我成为这个职位的最佳人选。

让我用一个小故事来结束我的演讲。有一位著名的领导者曾经说过："在成功的道路上，没有捷径可言。"这句话深深触动了我。在我职业生涯的旅途中，我始终坚守着这个信念，追求卓越。正如我们销售部门所面临的挑战，只有通过不断努力、严谨执行和持续学习，我们才能够取得成功。作为销售部门总监，我将与团队一起努力，克服困难，创造出更美好的明天。

最后，我真诚地邀请各位领导与我进一步交流，以更全面地了解我的能力和愿景。让我们携手并肩，共同开创销售部门的美好未来！

谢谢大家！

这篇稿子的整体质量又有所提升，特别是文字方面更像一篇演讲稿了，并且有了更丰富的案例和故事，整体算是一篇合格的演讲稿。

在这篇演讲稿的基础上，结合演讲者的实际情况，只要稍做修改和调整，就能得到一篇还不错的演讲稿。对于不擅长写演讲稿的朋友来说，运用 AI 工具可极大地提升其写作效率和稿件质量。

1.6　不善表达？ChatGPT 教你秒变演讲大师

以上两节，我们探讨了如何用 AI 工具提供演讲稿的思路和结构，甚至是直接写出演讲稿。但是，演讲最终还是要人去讲，如果不善表达，不知道如何演绎演讲稿，可以请教 AI 工具，让它给我们一些建议和辅导吗？

答案自然是肯定的，关键点还是如何更好地提示 AI 工具，让它成为一个合格的演讲教练，从而给我们一些建议。

我们先做个宽泛性的提示，让 AI 工具给出一些思路。

我给出的提示词是：**“作为一名演讲教练，你可以给我一些建议，让我在台上更好地讲出这篇竞选演讲稿吗？请列出 10 条建议，并且给出重点。请用表格形式进行输出。”**

再次强调它的角色，是我们使用 AI 提示的一个小小技巧。AI 有时候也会忘事，再次强调，会让它牢牢记住自己的角色。

看一下 ChatGPT 的回答：

作为一名演讲教练，你可以给我一些建议，让我在台上更好地讲出这篇竞选演讲稿吗？请列出 10 条建议，并且给出重点。请用表格形式进行输出。

当然，我可以给你一些建议，帮助你在台上更好地表达你的竞选演讲稿。以下是 10 条建议，并附上每条建议的重点：

（1）练习演讲多次 | 熟悉演讲内容和流程，增强自信心。

（2）注意语速和节奏 | 控制语速，注重语调变化，保持流畅和引人入胜。

（3）制定演讲大纲 | 用大纲来指导演讲结构和内容，确保逻辑清晰。

（4）使用生动的故事和案例 | 增加演讲的趣味性和可信度，与听众产生共鸣。

（5）利用肢体语言和面部表情 | 运用适当的手势和面部表情，增强演讲的表现力。

（6）保持眼神接触 | 与听众保持眼神接触，建立连接和互动。

（7）注重声音的变化和强调 | 利用声音的变化来强调关键信息，引起听众的注意。

（8）使用幽默和幻灯片等辅助工具 | 适度使用幽默和幻灯片等工具，增添演讲的趣味和视觉效果。

（9）调整节奏和节制时间 | 控制演讲的节奏，确保在规定时间内完成演讲。

（10）练习回答可能的问题 | 预先思考和准备一些可能的问题，并练习回答，展示自信和专业素养。

这些建议将帮助你在演讲过程中更好地展现你的领导能力、业绩管理能力和专业能力，并突出你的严谨认真、注重实干的工作风格。记得在演讲中保持自信和积极的姿态，与听众建立良好的连接，并用生动的故事和案例来支持你的观点。祝你演讲顺利，取得成功！

以上建议比较全面，对于演讲新手来说，可以得到大致的演讲方向。

现在的问题是，此建议过于宽泛。如果能针对某条建议，给出更具体的内容，还能结合之前的竞选演讲给出有针对性的建议，就更有实际意义了。在这里，我们继续和 ChatGPT 对话：**“我们之前这篇竞选演讲稿，能结合语速和节奏这个建议，给出有针对性的建议吗？”**

ChatGPT 的输出是：

我们之前这篇竞选演讲稿，能结合语速和节奏这个建议，给出有针对性的建议吗？

结合语速和节奏的建议来提升你的竞选演讲稿时，以下是一些建议：

（1）控制语速：确保你的演讲语速适中，不要过快或过慢。避免紧张时的急促讲话或是沉闷的讲述。适当地放慢语速，以便听众能够理解和消化你的演讲内容。

（2）强调关键词：在演讲中，通过改变语速和音调来强调关键词和重要信息。对于重要观点、案例或成就，可以放慢语速并加重语气，以引起听众的注意。

（3）利用停顿：恰当地使用停顿可以帮助你整理思绪、突出观点，并让听众更好地理解你的演讲。在关键观点之前或之后，以及切换不同段落或话题时，留出一小段停顿。

（4）节奏变化：通过改变语速和音调的节奏，给演讲增添一些动感和变化。对于讲述故事或案例，可以放慢节奏，营造悬疑或紧张感；对于讲述成就或挑战，可以加快节奏，展现活力和决心。

（5）起承转合：在整个演讲的结构中，要注意掌握好起承转合的节奏。在引言部分，语速可以稍微放缓，让听众进入演讲的氛围；在论述观点和案例时，可以加快语速保持连贯性；在总结和结束部分，可以再次放慢语速，强调核心信息。

通过这些针对语速和节奏的建议，你可以让你的演讲更具动感和吸引力，让听众更容易理解和记住你的观点。记得在练习中尝试不同的节奏和语速，找到最适合你的演讲风格，同时保持流畅和自然。

ChatGPT 确实给了我们更详细的建议，建议也很中肯实用。但问题是，ChatGPT 没有回应其中一条要求——结合之前的竞选演讲稿给出更有针对性的建议。

这就涉及另外一个技巧了。由于在上面的对话中，我们多次输出了演讲稿，ChatGPT 并不能判断是哪一篇，因此不特意强调的话，ChatGPT 有时无法准确判断，不知道你说的是哪篇演讲稿。

我的建议是，把需要的稿子复制下来，再结合提示词，例如输入：**“能结合语速和节奏这个建议，对以下演讲稿给出有针对性的建议吗？要求在演讲稿上具体标出语速和节奏的建议和标志。演讲稿为……”**

把演讲稿直接复制在这段提示词之后，我们得到的回答如下：

【语速和节奏建议】

以下是针对你的演讲稿的语速和节奏建议：

引言部分（开场白）：语速适中，强调自信和兴奋的情绪，节奏平稳，给听众留出思考的时间。

领导能力的案例分享：语速适中，强调领导经历的部分。在描述你带领团队克服销售挑战的时候，可以稍微加快语速，以增加紧迫感和动力。在强调团队取得突破和销售业绩增长时，语速可以适度放慢，给听众留下深刻的印象。

业绩管理能力的案例分享：在描述制定销售指标和设定个人目标时，语速可以适度加快，突出你的决策能力和执行力。当谈到通过数据分析和洞察力提升市场份额和业绩时，可以放慢语速，突出你的策略性思维。

专业能力的案例分享：语速适中，突出你对销售行业的学习态度和知识积累。在描述与客户沟通和提供解决方案时，可以稍微放慢语速，强调你的倾听能力和定制化服务。

结尾部分（小故事）：语速适中，强调领导者的格言和你的追求卓越的信念。在强调通过努力、执行和学习取得成功时，语速可以适度加快，表现出你的决心和动力。

请注意，以上建议仅供参考，最终的语速和节奏要根据你的个人风格和演讲情境进行调整。试着通过练习和录音回放来找到最适合你的表达方式，并确保与你的演讲稿相匹配。

到这一步我还是不满意。按照我日常辅导中对演讲稿的要求，需要逐字逐句标出语速、语调，这次我把提示词调整为：**“可以在演讲稿上逐字逐句给出语速和节奏建议吗？并且在演讲稿上逐字逐句标出来。”**

尊敬的各位领导、同事们：

大家好［语速：适中，平稳自信］！我非常荣幸能够站在这里，与各位分享我的竞选演讲［语速：稍微加快，表现出热情］。我希望通过这次演讲，向各位展示我的领导能力、业绩管理能力和专业能力，并表达我对销售部门总监职位的渴望和承诺。

我一直以严谨认真、注重实干为我的工作风格［语速：适中，突出严谨认真］。这一风格的形成源于我曾经的一次领导经历。在我之前任职的公司，我被委任为一个团队的领导者［语速：适中，平稳自信］。当时，团队面临着严峻的销售挑战，市场竞争激烈，成员士气低迷。我深知作为领导者，我需要以身作则，激励团队成员迎难而上［语速：稍微加快，增加紧迫感］。因此，我决定亲自带领团队，与他们并肩作战［语速：适中，突出决心］。我每天早早到达办公室，准备充分，制订详细的销售计划［语速：稍微加快，强调行动力］。我与团队成员分享我的愿景和目标，激发他们的工作热情［语速：适中，突出激发能力］。在我坚持不懈的带领下，团队逐渐取得了突破，销售业绩大幅度增长［语速：稍微放慢，突出成就感］。这次经历让我深刻认识到领导的责任和影响力，也坚定了我严谨认真、注重实干的工作风格。

业绩管理是我另一个突出的能力［语速：适中，平稳自信］。我曾经在一家新兴公司担任销售经理的职位。当时，公司正处于起步阶段，面临着巨大的竞争压力［语速：适中，平稳自信］。我深知要实现公司的销售目标，需要建立一个有效的业绩管理体系［语速：稍微加快，突出决策能力］。我通过制定明确的销售指标，设定个人目标，激发团队成员的潜力［语速：适中，突出激发能力］。同时，我注重数据分析，在市场趋势和客户需求保持敏锐的洞察力［语速：稍微放慢，突出洞察力］。我发现公司的产品在特定行业有巨大的潜力，于是组织团队针对这个行业展开精准的营销活动［语速：稍微加快，强调行动力］。在我领导下，团队不断创新，迅速获得了市场份额的提升，公司的业绩也持续增长［语速：稍微放慢，突出成就感］。这个案例证明了我在业绩管理方面的能力，以及我的数据驱动思维。

我的专业能力得到了在过去的工作经历中的充分锤炼和发展［语速：适中，平稳自信］。在我加入上一家公司之前，我对销售行业并不十分了解［语速：适中，突出转变］。然而，我抱着学习的态度，积极投入到工作中［语速：稍微加快，表现出热情］。我通过广泛的阅读、参加行业培训和与行业专家交流，不断提升自己的专业知识和技能［语速：适中，突出学习态度］。在与客户的沟通中，我学会了倾听他们的需求，理解他们的痛点，并能够提供定制化的解决方案［语速：稍微加快，突出沟通能力］。我还通过不断分析市场数据和竞争情报，深入了解行业趋势，以便为团队制定准确的销售策略［语速：稍微放慢，突出洞察力］。我的专业能力在过去的工作中得到了多次验证，我相信在担任销售部门总监职位时，我能够进一步发挥这一优势，为团队带来创新和竞争优势。

各位领导、同事们，我希望能够获得你们的支持和信任，成为销售部门的领导者［语速：适中，平稳自信］。我相信，我的领导能力、业绩管理能力和专业能力，以及我严谨认真、注重实干的工作风格，将使我成为这个职位的最佳人选。

让我用一个小故事来结束我的演讲［语速：稍微加快，表现出引起兴趣］。有一位著名的领导者曾经说过："在成功的道路上，没有捷径可言。［语速：稍微放慢，突出引用］"这句话深深触动了我［语速：适中，平稳自信］。在我职业生涯的旅途中，我始终坚守着这个信念，追求卓越［语速：适中，突出决心］。正如我们销售部门所面临的挑战，只有通过不断努力、严谨执行和持续学习，我们才能够取得成功［语速：稍微放慢，突出坚持不懈］。作为销售部门总监，我将与团队一起努力，克服困难，创造出更美好的明天［语速：稍微加快，强调团队合作］。

最后，我真诚地邀请各位领导与我进一步交流，以更全面地了解我的能力和愿景［语速：适中，突出诚意］。让我们携手并肩，共同开创销售部门的美好未来［语速：稍微加快，表现出激情和期待］！

谢谢大家［语速：适中，平稳自信］！

优化提示词后，ChatGPT 逐字逐句帮我们标注了语音语调的建议。当然，这些建议只能作为参考，如果想要有卓越的舞台表现，还是建议由专业的演讲教练进行逐句辅导。但对于缺少相关资源的朋友，ChatGPT 给出的建议，已经有足够的参考价值了。

从以上案例中，我们还可以学到另外一个技巧，就是在提示词中，一定要多使用具体而非抽象的词汇，例如用"逐字逐句"替代"具体"这个词，回答的内容就更符合我们的要求了。只有通过更精确、详细的引导，我们才能从 AI 工具挖掘到更多的"金矿"。

通过这个例子的抛砖引玉，我们发现，AI 工具完全可以扮演一名演讲教练，给出有针对性的反馈建议，帮助我们更好地训练演讲表达，快速晋级为演讲高手。在后面的相关内容中，我将结合一些现有的 AI 工具插件，给出更多有趣的玩法。

1.7　AI 时代，10 倍提升演讲效率

思考一个问题，演讲能力是知识还是技能？

首先，演讲能力是知识，因为演讲包含了对很多领域的认知、逻辑思维、心理学理论、背景知识，以及对特定领域、话题或事件的深入了解。

其次，演讲能力是技能，因为它需要实践和培养。技能是通过经验和训练获得的，演讲技能也不例外。演讲技能包括口才、语言表达、声音控制、肢体语言、情感表达、节奏和表达力等方面。这些技能可以通过训练、实践和反馈来不断改进和发展。

如果只学习理论知识，不磨炼技能，就只是一个演讲理论家，永远不能成为演讲高手。

如果只训练实践，不学习相关知识，表面上口才很好，实际却言之无物，就会成为一个空谈家。

要想成为一名真正的演讲高手，让演讲更好地服务于生活和工作，提升自己的沟通能力和表达效果，就必须既学习演讲知识，又多训练，积累上台经验。

但在 AI 时代，这个逻辑发生了较大的变化。

以前学习知识的主要途径是阅读相关书籍，或者参加相关的培训，积累一些演讲的技巧和方法，比如开场的几种方法、故事有哪几

种设计技巧、结尾有哪几种形式等。甚至有些演讲培训，直接教学员如何做手势、如何站立。很多技巧的训练千篇一律，学员很难在实践中使用上。

在 AI 时代，有关演讲的知识和技巧，你只要向 AI 工具提问，它就能给出一串答案，远远超过你在某本书籍和培训班上得到的内容。

因此，单纯的知识和死板的技巧会变得越来越廉价，甚至是不值钱的。而提问、选择和判别能力，会变得更重要。

精准提问可以让 AI 工具给我们提供准确、有针对性的回答。

善于选择可以帮我们在回答中筛选出需要的答案。

准确判别可以帮我们判断 AI 工具的回答是否符合我们的真实需求。

但这三种能力都需要基于两点，即知识的广度和深度。

知识的广度，即需要掌握系统的演讲方法论。只有系统学习演讲，才能将知识串成线、结成网，而不是只掌握单点的知识。

知识的深度，即需要知道知识点背后的底层逻辑。只有掌握底层逻辑，我们才能知道为什么开场可以用那些方法，故事为什么可以这样设计，结尾为什么可以有那些形式。

我们掌握的知识同时具备广度和深度，就能做到精准提问、善于选择和准确判别，就能让 AI 工具成为得力的助手，而不是替代我们。

这也是这本书的关键，通过敢讲、能讲、会讲、巧讲四个阶段，帮助大家建立较为系统的演讲体系。本书不罗列演讲知识点和技巧，而主要注重讲底层逻辑，使大家知其然更知其所以然。毕竟，很多知识点不用再通过大量阅读书籍和搜索获取，直接可以通过 AI 工具得到。我们唯一需要做到的，就是问对问题，选对答案，最后再判断这个答案是不是对的，是否符合我们的真实需求，是否可以达到我们想要的效果。

当然，“智讲”的内容还会融入每一个部分，结合底层逻辑，通过 AI 工具给我们赋能，提升我们的演讲内容生产力，并且结合实践和大家分享一些科学的训练方法。

总结一下，AI 时代高效提升演讲能力的诀窍就是：系统学习、深度思考、科学训练、会提问、善于选择、准确判别、懂得 AI 工具。

下面分享下笔者的案例：

过去半年，通过使用 ChatGPT 等 AI 工具，我把演讲准备和辅导的效率提升了 20 倍。

这个数据并没有夸张，具体情况如下：

作为一名演讲教练，我的一项工作是辅导学员参加各类演讲比赛。

每年上半年都是重要的比赛季，除了成人的演讲比赛外，各类青少年英语演讲比赛也大部分在上半年开启，比如希望之星英语风采大赛、希语汇英语大赛、外研社杯、21 世纪杯、希望中国等。

英语演讲比赛一般包含几个环节：准备演讲、即兴问答和即兴演讲环节。

通常准备英语演讲，需要准备一篇 1～2 分钟的稿件，按照正常的演讲语速，需要 120～240 个词汇。

我的辅导不是直接帮学员写稿，而是带领学员思考自己的故事和梳理思路。我结合学员的思考，帮助学员整理出一篇准备演讲稿。

这样才是授之以渔，而不是授之以鱼。在过程中真正学到方法，学员才会有更大的收获。

一篇好的准备演讲稿，需要有明确的主题、精心设计的故事、流畅无语法错误的语句、好的点睛之句，而有些比赛甚至要求将才艺部分也包含在准备演讲环节中。

如果是教练帮助学员准备，我们还需要考虑演讲学员的年龄阶段，8 岁孩子的演讲稿，就要符合 8 岁小朋友的语气。

一篇 1～2 分钟的演讲稿要符合以上全部要求，是非常考验演讲导师功力的。对于已写作过上千篇英语演讲稿件的我来说，这一般需要 1 个小时。

但现在，只要用好提示词，加上优化的时间，AI 工具完成这项工作的时间可以控制在 2 分钟以内。

因此，以前写一篇稿的时间，通过流程优化，我至少可以完成 20～30 篇稿件，而且 ChatGPT 4.0 输出的稿件质量，可以达到我之前手写稿件质量的 90%。

对于即兴问答和即兴演讲，我也会有针对性地为学员准备定制语料。按照我的方法，只要稍加训练，学员就可以利用语料举一反三，用较少的准备就能应对较为复杂的即兴演讲比赛，发挥出远超自身语言水平的现场表现，取得比较满意的成绩。这点我会在本书中关于演讲比赛的部分进行分享。

之前准备即兴语料是一项大工程，我必须结合每位学员的情况，有针对性地定制语料。虽然已经有很多素材储备，但一般一名学员的语料准备时间，至少是 2 小时。

但现在结合 AI 工具，我基本实现了流程化、格式化输出，加上优化的时间，不会超过 5 分钟。

AI 工具制作的演讲稿和语料，已经成功帮助多位学员拿到了国家级和省级比赛的大奖。

AI 时代，不仅要会讲，而且要会“智讲”，通过 AI 工具赋能，可以大幅提升我们的效率。

就像之前提到的，替代你的不是 AI，是善用 AI 的人。

本章要点：

1. AI 时代，演讲能力将变得越来越重要，演讲可以建立人与人之间的情感连接，帮助我们更好地解决问题。
2. ChatGPT 的工作原理主要涉及语料训练、输入理解、上下文记忆和生成回答四个关键点。
3. 好的提示词有四个特点，分别为：角色化、具体化、模型化、完善化。
4. 提示词 = 角色背景 + 具体要求 + 任务目标 + 输出格式。

思考及练习：

请使用基础提示词公式，模仿本章的提示方法，让 AI 工具帮你输出一篇演讲稿。

Artificial Intelligence, AI

CHAPTER 2

第 2 章

敢讲：放下包袱，勇敢面对舞台

2.1 一上台就紧张，到底是什么原因

在演讲和分享时，你会紧张吗？

在台上，你有过手脚颤抖、肠胃不适、额头冒汗、大脑一片空白的情况吗？

这些情况，我都有过，甚至曾经深深地困扰着我。

记得第一次上台演讲的时候，我全程浑浑噩噩，只记得自己说出了“你好”“对不起”“再见”几个字。我是在全场听众的哄堂大笑中黯然下场的，那一刻我羞愧难当，很长一段时间都非常畏惧讲台。

即使在经过一段时间的训练后，在一些特别的场合，我也会紧张。

2015 年，我进入了国际英语演讲大赛中国区总决赛，面对台下近千名观众，突然大脑一片空白，把稿子全忘了。当时紧张的感觉，现在还历历在目，我甚至出现了面部抽搐、肠胃剧痛的情况。

我辅导的众多学员，多数也会有明显的讲台紧张表现，只是有些表现得较轻，有些则较为严重。

演讲最需要克服的就是紧张，战胜它，是做好演讲的第一步。

为什么和别人一对一聊天，我们可以轻松自如，而一上台，面对很多人就会紧张呢？

紧张可以分为先天和后天两大原因。

先天的原因，主要是由于我们的身体和进化机制造成的。

在远古时代，当人们在丛林中狩猎，看到一双双泛着蓝光的野兽眼睛时，大脑中，一个叫“杏仁核”的零件就开始发挥作用了。按照脑科学相关理论，我们的大脑可以分为主管行为的爬行脑、主管理性

的逻辑脑和主管情绪的情绪脑。而“杏仁核”就是情绪脑中的一个部分，当它识别到危险信号时，就会把信号传递给爬行脑，激发爬行脑的自我保护行为，我们称其为 3F 反应：Fight（进攻），主要表现为情绪激动，语速加快；Flight（逃跑），表现为看天看地看 PPT，就是不敢看听众的眼睛；Freeze（冻结），主要表现为两腿僵硬，大脑一片空白。这种自我保护的反应机制延续到了今天，当你站在讲台上，看到听众都盯着你的时候，你的“杏仁核”会告诉你，他们的眼睛就是一双双泛着蓝光的眼睛，而当这种机制过强时，就会导致你的身体被情绪绑架，我们称其为“杏仁核”劫持。这个说法，是由著名的心理学家，《情商》一书的作者丹尼尔·戈尔曼首先提出的。

因此，从先天来看，紧张背后的机理其实是来自人类识别到未知危险，而产生的一种自我保护的心理机制。

再来看看后天因素。后天的影响，主要来自自我认知偏差。

自我认知偏差是由于受到自身认知和周围环境的影响，我们对于自身、他人和外部环境的感知出现失真的现象。

简而言之，就是我们错误地评估了自己，对自己期待过高或者过低，或者有时候把焦点放在自己身上，当最后表现的结果和预期有差距，抑或提前有过大心理压力时，就导致紧张的产生。

因此，克服紧张要从这两个机制入手，有针对性地给出应对策略。

2.2　克服演讲紧张的 6 个方法

既然演讲紧张主要来自先天和后天两个原因，这一节，我就给大家分享 6 个实用的方法，有针对性地帮助大家更好地克服演讲紧张。

我们先来看针对先天原因的 3 个方法。

上一节我们提到，紧张是一种自我保护机制，来源于人类对于未知危险的恐惧。从这个机理出发，克服紧张的关键就在于把未知的危险信号转变为习惯的状态，从而不激发“杏仁核”这个零件。我们发现，对于讲台这个场景，未知和陌生通常来自以下三个维度，我把它称为“ ACE”模型，分别指的是：Audience（听众）、Content（内容）、Environment（环境）。

首先是 Audience（听众）。这里我们要用到一个方法，叫作善意眼神法。我建议演讲者提前 30 分钟来到会场，争取和提前到场的听众做互动，先建立熟悉感。在演讲的过程，演讲者应多和有善意的眼神的人互动，争取认同感，而不要老是盯着那些低头玩手机的听众，导致内心产生挫折感。

其次是 Content（内容）。我们用到的是练习失误法，什么意思呢？我相信每一个演讲者在上台前，都会尽力把自己的逻辑框架和逐字稿背得滚瓜烂熟，因此我再强调熟悉稿件没有意义。稿件我们练过千百遍，但失误一次都没练过。因此我们应该关注的，是提前练习出现忘词，或语句失误后的应对方法。这里有两个办法供大家参考。第一个是回顾法，我通常是这样做的：“各位，下面我们进入第二点。”但这里忘词了，于是我稍微停顿一下：“但讲第二个点之前呢，我们还是先回顾一下第一点的内容。”当你想起时，再进入第二点。第二个是金句插入法，我认识的一位中国好讲师大赛的金科冠军，就曾在总决赛中忘词，他是这样说的：“关键的话语，一定要有停顿。”我不知道他是否准备过这句金句，但是当出现忘词或停顿的时候，我们可以把早已准备的金句用上。这里大家也可以用金句：有时候适当的停顿，是为了更好的眼神交流。然后演讲者望着听众，面露微笑。

最后是 Environment（环境）。这里用到的是眼睛记录法。演讲者应提前来到会场，用眼睛记录下每一个位置和视角，最好是能在台上试讲一下。我们称其为讲者视角。你还应在台下观察，观察什么呢？你最好找一个搭档在台上走台，观察台上的移动位置，这叫作听者视角。用眼睛记录每一个位置，做到环境由陌生变熟悉。

总结一下，所谓 ACE 模型，就是把未知的听众、环境和内容，转变为熟悉和已知的，从而克服紧张。

我们再来看看后天原因。

从后天原因的角度看，对自身的期待和现实之间的差距是紧张的重要来源。

因此，我们可以从三个维度入手，更好地管理对自身的期待，我把它称为“升降移”模型，即积极暗示，提升自信；降低期待，减缓压力；焦点转移，聚焦价值。

首先是积极暗示，提升自信。这种策略，适合对自己认知过低的情况。当对自己认知过低时，就会觉得自己不够好，在台上也不会有好的表现。但现实情况并非如此。美国社会学家罗伯特·默顿发现，人会有先入为主的判断，无论判断本身是否正确，都会对人的行为产生影响。因此，当你坚信自己能行的时候，结果可能真的很好；当你觉得自己不行的时候，结果就已经注定不好了。在辅导这类学员时，我通常会设计一些相对容易的互动游戏和模拟小演讲，帮助他们建立初步的自信心，再通过积极的暗示，提升自信。

其次是降低期待，减缓压力。这个方法适合对自己认知过高的情况。有时候，你越高看自己，就越不允许自己出错，甚至是要求完美。但实际情况是，越害怕犯错，就越容易出错，紧张感就越强烈。正所谓站得越高摔得越重，应当主动降低对自己的期待，不要把每次演讲看得很重。相关心理学机制表明，很多时候别人并不像你一样重视你的演讲，对别人来说这可能只是一次小的经历而已。对于有这种心理包袱的学员，我通常会在课堂中，设计一些角色切换环节，让他们充分了解听众，甚至是其他旁观者的心态，从而更好地放松自己。

最后是焦点转移，聚焦价值。根据社会心理学相关研究，人们通常会高估别人对自己的关注度，也就是所谓的“焦点效应”。我们总是把自己看作一切的中心，当然所有的期待就都放在了自己身上。《社会心理学》一书的作者戴维·迈尔斯在书中提到一个上台演讲的案例：通过比较多名演讲者，发现在他们眼中，自己的紧张程度总是高于他人，但在听众看来，他们并没有多大的区别。如果我们能做到将焦点从自己转移到如何给听众创造更多价值，如何把演讲做得更好上，而不是总顾虑自己的表现，通常表现得会更好。在演讲辅导中，我一般会设计一些有针对性的小游戏，把演讲拆分为一些小目标，帮助学员更好地转移注意力，从而逐步做到焦点转移。

总结一下，从先天原因和后天原因两个角度，我们可以用 ACE 模型和升降移模型克服演讲紧张。但就像我在前言中所说，紧张就像是晕车，经常不坐车，就容易晕车，经常不上台，也就容易晕台。克服紧张需要长期持续的刻意练习。

2.3　忘词、说错怎么办？3 个技巧来帮你

你有没有过这样的体会：上台前很紧张，但讲着讲着，就适应了讲台，感觉好了一点，但这时候，突然忘词，或者说错了话，那些紧张的情绪就都回来了，而且变得更为严重。

其实，在演讲中，紧张情绪是需要持续管理的，任何一个突发事件，比如临时忘词、说错翻车，以及互动“尬场”，都可能导致出现更严重的紧张情况。

临时忘词或者说错话的原因有很多，主要可分为主观原因和客观原因。

下面问问 ChatGPT，看看它给出的原因有哪些？

能从主观原因和客观原因两个方面帮我列出关于临时忘词或者说错话的一些原因及其解决方法吗？还是用表格的形式输出。

当人们在台上演讲时，忘词是一个常见的问题。以下是从主观原因和客观原因两个方面对忘词原因和解决方法的表述：

主观原因：

忘词原因	解决方法
紧张和焦虑	在演讲前进行准备和熟悉演讲内容，增加自信心 进行深呼吸和放松练习，缓解紧张情绪 使用正向的自我暗示和自我鼓励，保持积极的心态 将焦点放在与听众建立连接和传达信息上，而不是完美的记忆上
缺乏演讲技巧	学习演讲技巧和公众演讲的基本原则 练习演讲并模拟真实演讲场景，提高记忆和表达能力 制作演讲提纲或关键词提醒，帮助记忆演讲内容 注重肢体语言和声音的运用，以增加演讲的流畅性和连贯性

（续）

忘词原因	解决方法
演讲内容过于复杂	简化演讲内容，提炼出核心观点和关键信息 使用易懂的语言和实际例子，帮助听众理解和记忆演讲内容 制作演讲辅助工具，如幻灯片或手写笔记，帮助记忆和组织演讲内容
注意力分散	练习专注力训练，如冥想和专注力练习 在演讲中使用肢体语言和表情，吸引听众的注意力 维持眼神接触，与听众建立联系，减少分散注意力的可能性 避免尝试记忆大段的文字，依赖关键词和主题提纲
缺乏演讲准备	提前规划演讲时间，确保有足够的时间来准备和熟悉演讲内容 制作详细的演讲提纲，列出要点和关键信息，以帮助记忆 进行演讲练习，模拟真实场景，增强记忆和自信心

我们再来看看 ChatGPT 提供的客观原因：

 继续。

忘词原因	解决方法
心理压力	提供支持和鼓励，帮助演讲者缓解压力 创造积极、支持性的演讲环境，减少演讲者的压力感 建立演讲者与听众之间的互动，增加演讲者的自信心 鼓励演讲者积极参与演讲练习和反馈，以增强其信心
缺乏演讲经验	提供演讲培训机会，帮助演讲者提升技巧和自信心 安排演讲机会和实践活动，让演讲者逐渐积累经验 提供指导和反馈，帮助演讲者发展和改进演讲技能 鼓励演讲者参与社交和公众演讲活动，拓宽经验和知识范围
疲劳和身体状态	鼓励演讲者保持健康的生活习惯，包括充足的睡眠、均衡的饮食和适度的运动 提供合理的时间安排，确保演讲者有足够的休息和恢复时间 在演讲前进行热身和放松练习，帮助演讲者保持精力集中和良好的身体状态 提供必要的支持和资源，以减轻演讲者在其他方面的负担和压力
环境因素	确保演讲场地和设备的良好状态，避免技术故障和干扰 在演讲前进行充分的准备和测试，以确保一切正常运行 提供舒适和专注的演讲环境，最大限度地减少干扰和打断的可能性 提供适当的时间和条件，以便演讲者能够集中注意力和准备演讲
缺乏自信	建立演讲者的自信心，强调其潜力和过去的成功经验 提供积极的反馈和赞赏，帮助演讲者建立自信心 鼓励演讲者进行积极的自我评价，培养良好的习惯

不得不说，ChatGPT 掌握了很多人类的现有知识，只要我们问对问题，ChatGPT 的回答就能令我们满意。

就像之前所说，单一的知识以后越来越没有价值，只有系统、融会贯通的知识体系，才能帮我们更好地问对问题和选对答案。只有结合行业经验，我们才能做到准确判别这些信息和内容是否正确，以及是否符合我们的需要。

接下来，如果我们再问 ChatGPT：它能否帮助我们应对这些问题，减少忘词呢？来看看它的回答。

针对以上原因，AI 可以从哪些方面帮助我们应对这些问题，减少忘词呢？也请用表格列出。

当面对忘词问题时，人工智能（AI）可以提供以下应对方法：

忘词原因	AI 的应对方法
紧张和焦虑	提供心理放松和冥想应用程序，帮助演讲者缓解焦虑 提供虚拟现实（VR）或增强现实（AR）体验，模拟演讲场景，以帮助演讲者适应和应对紧张情绪 提供个性化的自我暗示和鼓励，通过语音或文字提醒演讲者保持积极心态
缺乏演讲技巧	提供在线演讲培训课程和教程，帮助演讲者学习和提升演讲技巧 提供语音识别和实时反馈，帮助演讲者纠正发音或语速等问题 提供虚拟演讲合作伙伴，模拟听众反应和提供反馈，帮助演讲者改进表达和演讲能力
演讲内容过于复杂	提供信息整理和演讲提纲的 AI 工具，帮助演讲者提炼和组织关键信息 提供自然语言处理和智能搜索功能，帮助演讲者快速查找和整理相关信息 提供语音合成技术，将演讲内容转化为语音文件，供演讲者随时回顾和复习
注意力分散	提供专注力训练应用程序，帮助演讲者锻炼注意力和集中精神的能力 提供语音识别和文字转换工具，将演讲内容实时转化为文字，供演讲者参考和复习 提供演讲辅助工具，如幻灯片设计和自动翻页等，减少演讲者分心与操作的需要

（续）

忘词原因	AI 的应对方法
缺乏演讲准备	提供个性化的演讲计划和时间管理工具，帮助演讲者规划和安排演讲准备时间 提供智能提醒和记忆辅助工具，帮助演讲者遵循准备计划和记忆演讲内容 提供在线协作工具和反馈平台，帮助演讲者与导师或同伴进行沟通和讨论
环境因素	提供 AI 辅助的设备检测和故障排除功能，帮助演讲者及时发现并解决技术问题 提供实时环境监测和调节功能，如噪声消除和灯光调节，以提供最佳的演讲环境 提供演讲时间和进度管理工具，帮助演讲者掌握时间并避免干扰因素对演讲的影响
缺乏自信心	提供个性化的自我评估工具，帮助演讲者发现自身优势和成就，并加强自信心 提供虚拟演讲伴侣和角色扮演功能，模拟演讲场景，让演讲者锻炼自信心和应对能力 提供 AI 生成的积极反馈和鼓励以增强演讲者的自信心和动力

请注意，虽然人工智能可以提供辅助和支持，但在克服忘词问题方面，个人的努力、实践和经验积累仍然是至关重要的。人们应根据自身情况和需求，灵活选择并结合不同的解决方法和 AI 工具来提升演讲技巧和应对忘词的能力。

以上这些回答，就有点不符合现实需求了，ChatGPT 提到的那些程序，明显现在是没有的。这也是现阶段使用 ChatGPT 的另外一个经验，它对于纯知识这块的回答，能做到比较系统全面，但对于经验层面的回答，相对来说就有些匮乏。

结合我的实际经验以及 ChatGPT 的提示，忘词、说错话的主要原因：从主观方面来看，在于临场心态不行和演讲内容准备的不足；从客观方面来看，则是环境的影响。

因此，我们可以针对这 3 个原因，用 3 个小技巧来应对。

第一个小技巧是善用注意力转移。上一节我们提到，要多关注善意的眼神，少关注那些观众不认可的反应，比如玩手机、看书、不耐烦、质疑的目光等。对于经验不够丰富的演讲者来说，更应把注意力转移到如何更好地表达内容，让观众有更大的收获上去。一定要足够真诚，俗话说“心诚则灵”。只要让听众感受到你的真诚，你就会得到更多善意的回应，也更容易保持好的临场心态。

第二个小技巧是巧用结构化框架。很多演讲者，特别是演讲新手会精心准备逐字稿。但是计划不如变化快，有时候讲着讲着，就会突然忘记某个词或者某段话，如果经验不丰富，就会乱了阵脚，甚至会当场道歉，而这正犯了演讲的忌讳，会严重削弱演讲者的权威和演讲说服力。正确的方法是，在准备时除了背诵逐字稿，还应当从整体上了解演讲稿的结构，当忘记某个具体的语句时，可以从结构上推断要讲的内容，从而在台上显得更加从容。

下面利用四步模型，继续在同一对话框中提问，看看 ChatGPT 能否根据上一章的竞选演讲稿，梳理出一个好的框架。

作为专业的演讲教练，能帮我将上面这个演讲内容整理成一个框架吗？框架就是这个演讲内容的大致逻辑结构，即每个部分的简要内容，要求简洁明快，内容提示清楚，可以帮我更好地记住稿子。请用表格的形式显示。

框架部分	内容简述
开场白	感谢各位领导和同事们的到场，表达对参与竞选演讲的荣幸感
自我介绍	强调个人的竞选职位和渴望，提及领导能力、业绩管理能力和专业能力

（续）

框架部分	内容简述
领导能力的故事	分享曾经在领导岗位上的经历，突出严谨认真、注重实干的工作风格
业绩管理能力的案例	讲述在销售经理职位上的业绩管理实践，强调数据驱动和创新思维
专业能力的发展	强调通过学习和实践提升专业知识和技能，展示与客户合作的能力
总结优势和承诺	总结个人优势，表达对领导职位的渴望和承诺
结束语	用引人入胜的小故事作为结束，再次表达感谢并邀请进一步交流

演讲内容分为不同的部分，每个部分都有简明的描述，以帮助你更好地记住整个演讲稿的结构和内容。记住这个框架，可以让你在演讲时更流畅地过渡到下一个部分，并确保你覆盖了所有关键的信息。

第三个小技巧是做好周密性准备。前一节提到要提前熟悉环境，其实环境因素除了场地外，还包括音响、话筒、电脑、投影仪等设备，还有物料等因素。在前期准备工作中，我们需要注意到每个细节，防止因为演讲过程中出现意外，导致紧张忘词的情况出现。当然我们也需要想好 B 计划，如果出现这些情况，我们要有充足的应对方法。但有时候，我们也要做好过程不完美的准备，从内心接纳这种结果，就会有良好的心态面对演讲。不完美恰恰就是一种完美。

2.4　互动“尬场”？4 种方式来救场

在演讲时，总少不了互动，但互动“尬场”也不鲜见。遇到“尬场”，我们将如何应对呢？

还是先来问问 ChatGPT，看看它能给出怎样的答案。

你是一名专业的演讲教练，我担心在演讲互动时出现“尬场”的情况，请问如果遇到“尬场”如何应对？请帮我列出应对的方法以及具体的内容，请用表格的形式列出。

当面对演讲互动中可能出现的“尬场”情况时，作为一名专业的演讲教练，可以采取以下方法来应对。下面是一张表格，其中列出了常见的“尬场”情况和相应的应对方法：

尬场情况	应对方法	具体内容
忘词或失语	保持冷静，使用幽默化解尴尬	“看来我太过兴奋，让我再回忆一下”，然后深呼吸并继续
话题偏离	引导话题回到主题，转移注意力	“这是一个重要的观点，我们稍后可以深入讨论。现在，回到我们的主题……”
与观众互动不流畅	主动与观众建立联系，问问题	“现在我想听听你们的看法。有谁对这个问题有想法？”
有人提出挑战或质疑	高效回应并解答问题	“感谢你的问题，让我来解答一下。首先，我认为……”
技术故障或意外发生	保持镇定，寻求解决方案	“看来我们遇到了一点小问题，让我请工作人员来帮忙修复一下。在等待期间，让我与大家分享一个有趣的经历……”

这些方法和内容仅作为参考，根据具体情况和个人风格，你可以进行适当调整和修改。在应对尬场时，保持自信、冷静和灵活是关键，同时善用幽默和与观众互动可以缓解尴尬氛围。

这次，ChatGPT 的回答基本贴切，我就根据它的回答，结合实际演讲和辅导经验，给出相应的点评。

解决互动“尬场”问题，可以用到“转”“移”“接”“续”4 种方式。

“转”就是转移话题和注意力。当我们遇到冲突话题，不方便当场回答时，建议采用这种方式。当然，我们有时可能遇上咄咄逼人的提问者。作为演讲者，这个时候最重要的就是要保持冷静，保持自己的节奏，而不轻易被听众“带走”。

“移”就是将问题移给提问者，或者移给别的听众。有时候，对于某个问题，演讲者不能马上给出完美的解答，贸然回答可能会影响演讲者的权威和演讲信服力。通过反问的形式，往往能达到非常好的效果，不仅可以引导听众思考，还可以给演讲者思考留出充分的时间，而且听众的回答还能给演讲者一定参考。

“接”就是接下听众的问题。如果演讲者对于问题很熟悉，就适合用这样的方法。演讲者可以通过解答这个问题，并引出新问题，引导听众思考，从而让互动效果更好。但这里有个小提示，对很多演讲新手来说，切忌过度发挥，针对一个熟悉的问题讲太多，这样反而会影响整个控场和节奏。

“续”就是因为一些意外发生，打断后接续上。在演讲过程中，演讲者可能会遇上技术故障或别的一些意外。2007 年，苹果 iPhone 发布会，当时乔布斯就遇到过一个技术故障，他全程保持了镇定，去喝了口水，并且通过讲故事的方式和听众进行互动，避免了尬场。

大家可以看到，我总结的“转”“移”“接”“续”4 种方式和 ChatGPT 的回答有异曲同工之处。当然，这里我也要提醒一下，AI 回答中有用幽默化解尴尬的方式，我建议非高手慎用。因为在使用幽默的过程中，很有可能因为使用不当造成更大的尴尬。

2.5 缺少自信？4 步建立正向循环

在台上克服紧张的情绪，建立良好的心态，并且持续不断地发挥出更好的状态等都需要建立真正的自信。

真正的自信并不是简简单单几句自我鼓励的话，就可以马上建立的。

如本章第一节中介绍的，紧张的情绪来自自我保护的心理机制，其实很多负面情绪源于类似的心理机制。生存本能会时刻提醒我们，某些挑战难以应对，身体的本能会让我们自动远离那些危险。

但真正的成长源于不断地突破自我。如果不能打破这些生存本能的限制，我们就无法获得真正的进步。

一些演讲和口才课程会制造出一个看似激励人心的场景，让人在那一刻感觉自己似乎找到了自信，也敢上台演说了。但实际情况是，人一旦离开那个场景，就会失去那种自信和“魔力”，甚至是比以前更不自信。

究其原因，是因为那种感觉是虚的，并不是真正的自信，因为并没有具备相应的能力，而生存本能是无法欺骗的。

就我自身的成长经历和辅导大量学员的经验来说，我发现，克服演讲紧张和其他负面情绪，关键是建立正向循环，不断让自己“做到”，意识才会“知道”，然后传递给你“你可以”的信息。当你不断做到更多，积累更多正向反馈，能力持续提升时，你就能逐步建立自信。

反过来，如果你进入的是负向反馈，每次都“做不到”，不断感受到失败和挫败感，你的生存本能就会告诉你：“你不行”。这样你就会越来越自卑，越来越恐惧讲台。

正向反馈与负向反馈如图 2-1 所示。

因此，我们可以从行动和成果两个方面做好“文章”，通过设置合理适度的练习，帮助自己逐步建立真正的自信，让自己进入正向循环，避免滑入负向循环。

图 2-1 正向反馈与负向反馈

我有个青少年学员 Sunny，学业非常优秀，学校让她加入英语演讲社团。当时，我是那个社团的指导老师。在第一次社团活动中，其他学员都完成了英文自我介绍演讲，唯有 Sunny 怎么都不愿意上台。

Sunny 的成绩年级排名第一，英语成绩也是名列前茅，那些词汇和句型根本难不倒她，但她就是很恐惧讲台。

我们做了很多工作，Sunny 终于勇敢地走向了讲台。但当 Sunny 站在讲台上的那一刻，她产生了非常强的紧张反应，整个人完全僵住了，一直在发抖，一个字都说不出来，最后全身出现抽搐反应。她的整个手掌完全僵硬住了，好几个男生都扳不开她的手指。

这算是我遇到过的最严重的演讲紧张的情况。后来我了解到，

Sunny 对自己要求很高，而且有过在讲台上非常失败的经历，因此一直困在负向循环的漩涡里，久久不能释怀。她越害怕上台，就越不愿意上台，也就越上不了台。

要帮助 Sunny，首先就需要设计合理的方式，帮助她打破负向循环。既然她害怕上台，那么我在开始的几次课中，都没有设置上台演讲的环节，而是采用了互动问答的方式，学员只要能站起来回答出问题就好。通过循序渐进的设计，逐步让她感觉自己能够做到更多、讲出更多，并且及时把握到了她的一些出彩点，给予即时的反馈，慢慢帮她建立起了初步的自信。

通过一系列环节的设计，循序渐进，Sunny 最终克服了演讲恐惧，并且在一年后的内部比赛中拿到了冠军。

本章要点：

1. 演讲紧张的原因，主要分先天原因和后天原因两大类。
2. 克服紧张，可以利用“升降移”模型。“升”即积极暗示，提升自信；“降”即降低期待，减缓压力；“移”即焦点转移，聚焦价值。
3. 克服演讲紧张和其他负面情绪的关键是建立正向循环。

思考及练习：

请结合本章所讲授的 ACE 模型，思考是什么原因导致了你的演讲紧张？

Artificial Intelligence, AI

CHAPTER 3

第3章

能讲：AI工具助力演讲，快速从“小白”晋升到高手

3.1 主题：选对主题，是演讲成功的第一步

在演讲培训中，我通常都会先问学员这样一个问题：

“要做好一场演讲，最重要的是什么？”

学员的回答有：遣词造句、逻辑结构、故事案例、语音语调、表情手势、主题清晰等。

答案可能很多，但其实，要做好一个演讲，最重要的就是要有清晰的主题。选对主题，就是演讲成功的第一步。

3.1.1 好的演讲，都必须有主题

有时候，少即是多，多即是少。

很多人在演讲表达时，说了很多，但是总抓不住重点。这些人中，不乏高学历的精英、某个领域的专家，甚至是经常发言的领导。但为什么即使是他们，还会这样呢？

其实这是一个“通病”：演讲没有找到主题。

什么是演讲的主题？

演讲主题是一个核心观点，**必须是清晰明了的观点**。清晰的主题可以帮助演讲者向听众传达准确的信息，让听众了解、知道我们想表达什么。很多人没做到，原因很简单：**想讲的内容太多**。

在演讲中，如果想加入的内容太多，想把自己所有的想法、观点、故事、案例统统放在里面，结果往往会适得其反。其实，你想表达的内容越多，真正能呈现出来的反而越少。

尤其对于演讲新手来说，这个问题更是突出。我们让 ChatGPT

帮我们生成一个类似案例：

请帮小明写一篇自我介绍的演讲稿。这篇演讲稿是一个失败的案例，主要问题是主题不清晰、逻辑混乱、没有明确地表达清楚的意思。

大家好，我叫小明，我非常高兴能够在这里与大家见面。首先，我想谈谈我的家庭背景。我来自一个非常平凡的家庭，父母都是工人。他们一直非常支持我，让我能够顺利地上学，这让我非常感激。

接下来，我想谈一下我的兴趣爱好。我喜欢看电影、听音乐、玩游戏。我也喜欢旅游，到不同的地方去看看不同的风景。同时，我也很喜欢运动，特别是篮球和足球。这些运动都让我感到非常兴奋和愉悦。

然后，我想谈谈我的未来规划。我一直梦想成为一名律师，希望能够为社会做出贡献，帮助那些需要帮助的人。此外，我也想成为一名音乐家，因为我非常热爱音乐，我相信通过音乐可以给人们带来更多的快乐和感动。

最后，我想说的是，我相信只要我们拥有坚定的信念，一定可以实现自己的梦想。我希望我的经历能够给大家带来一些启示，让大家更加坚定自己的目标，并为之努力奋斗。

以上就是我的自我介绍，谢谢大家的聆听。

ChatGPT 生成的这篇演讲稿，在生活中并不鲜见。如果你是在场的听众，听完小明的自我介绍，你能对他产生深刻的印象吗？小明到底是在讲什么呢?

短短 2 分钟左右的讲述，小明不仅讲到了自己的家庭背景、五六种爱好，还讲到了自己的人生规划，人生规划还不止 1 种，最后还啰啰唆唆总结了一番。如此短暂的讲述，却有那么多信息在里面，演讲效果也就可想而知了。

因此，**主题要清晰，关键就是要做好减法。在一篇演讲稿中，应该只有一个明确的主题，**所有的内容都是为这一个主题服务。只有这样，才能让听众更好地抓住主题，清楚知道演讲者要表达的意思是什么，也有利于演讲者更好地传达自己的思想。

结合小明的案例，小明可以选择重点讲自己的家庭背景，或者重点讲自己的某种爱好，或者集中描述自己的一个人生规划，其他内容可以一笔带过。我们来看看，做了减法的自我介绍，是什么样的：

请把以上小明的自我介绍，改成一篇主题清晰，逻辑清楚的演讲稿。

尊敬的各位领导、各位来宾，大家好！我是小明。今天，我很荣幸能够在这里与大家分享我的个人经历和未来规划。

首先，让我简单介绍一下自己。我来自一个普通的工人家庭，我的父母一直非常支持我，让我能够顺利地上学，这让我非常感激。我的兴趣爱好是多样化的，旅游、电影、音乐和体育等方面都吸引着我。

接下来，我想说一下我的未来规划。我一直梦想成为一名律师，这个梦想不仅源于我对法律的兴趣，更希望通过自己的努力为社会做出一份贡献。同时，我也热爱音乐，希望将来能成为一名音乐家，通过音乐来传达感动和快乐。

虽然我的未来规划有些宏大，但我相信只要我拥有坚定的信念和努力，我一定可以实现自己的梦想。为了更好地实现这些梦想，我会不断地学习和进步，不断提高自己的能力和素质，让自己更好地服务于社会。

最后，我想强调的是，我的未来规划不仅是为了自己的个人发展，更是为了社会的进步和发展做出一份贡献。谢谢大家的聆听！

这个版本的演讲，相对于第一个版本，内容更清晰，主题也更明确了。听完这个介绍，我们马上就能记住小明是一个热爱音乐，想成为音乐家的人了，对小明的印象也会比第一个版本更深。

很多演讲稿，只要做好减法，把不必要、不需要的部分删掉，演讲内容就能清晰很多。

有时候，少即是多，多即是少。

3.1.2　主题定位法，让演讲直击人心

我们可能无法通过一场演讲改变他人的想法，只是帮他们说出自己的想法罢了。

3.1.1 节中小明的自我介绍主题更明确，内容更聚焦了，但还不足以打动听众。好的演讲主题不仅仅是内容清晰，更应该能够引起共鸣，打动听众。

那么什么样的主题，能让我们产生更深刻的印象，甚至被感动呢？这里涉及主题的选择，其中用到的方法，叫作主题定位法。

调整一下提示词，再来看看 ChatGPT 的输出：

请把以上自我介绍再精炼一下，主题只有一个，就是通过努力，出生平凡的人也能有不平凡的人生。

尊敬的各位领导、各位来宾，大家好！我是小明。我来自一个普通的工人家庭，但我相信通过努力，出生平凡的人也能够有不平凡的人生。

我的兴趣爱好是多样化的，旅游、电影、音乐和体育等方面都吸引着我。然而，我的未来规划却非常明确，我一直梦想成为一名律师，并且希望通过自己的努力为社会做出贡献。同时，我也热爱音乐，希望将来能成为一名音乐家，通过音乐来传达感动和快乐。

我知道，实现这些梦想并不容易。但我相信，只要我拥有坚定的信念和努力，我一定能够实现自己的梦想。我会不断地学习和进步，不断提高自己的能力和素质，让自己更好地服务于社会。

通过我的经历，我想告诉大家，出生平凡并不意味着我们不能拥有不平凡的人生。只要我们拥有梦想并且不断努力，我们就能够创造属于自己的精彩人生。谢谢大家的聆听！

以上 ChatGPT 输出，通过调整和优化一些文字，可得到下面这个第三个版本：

大家好，我是小明。从小开始，我就对音乐产生了浓厚的兴趣，这也是我今天在这里与大家见面的原因。我想和大家分享一下我的故事，让大家知道即使是出生在平凡家庭的人，只要有热爱和努力，也可以实现自己的梦想。

我的父母都是工人，家庭并不富裕。但是，他们一直支持我追求自己的兴趣和梦想。我很庆幸能够在他们的支持下，顺利地上学，并一直追求自己的音乐梦想。

从小到大，音乐一直是我生活中不可或缺的一部分。我不仅喜欢听音乐，更是对音乐制作和演奏有着浓厚的兴趣。我一直努力学习和探索，通过自学和参加音乐课程不断提升自己的音乐技能。现在，我已经开始在音乐领域发展，并取得了一些成果。今年 5 月，我将在维也纳金色大厅，开启自己的第一场音乐巡演。

虽然我还有很长的路要走，但我相信只要我一直努力坚持，追求自己的音乐梦想，那么一切都可能实现。我希望我的故事能够鼓励大家，尤其是那些和我一样喜欢音乐的人，相信自己，坚持不懈地追求自己的梦想。

谢谢大家。

小明这个版本的演讲，不仅让我们印象深刻，更让我们感同身受，相比上一个版本，这一次的进步表现在哪里呢？

第二个版本，主题是音乐；第三个版本，主题是**梦想**。

和音乐比起来，梦想才是更深层次、更符合价值观的观点。不是所有的人都喜欢音乐，或者想成为音乐家，但相信大部分人有过梦想，并且为梦想努力和坚持过。选用坚持梦想作为主题，可以激发大家的共鸣，并触及大家内心更深层的情感，打动和感染听众，而这就是很多优秀演讲的秘密。

我们应该明白：**我们永远无法通过一场演讲改变他人的想法，只是帮他们说出自己的想法罢了。**

要让听众觉得，你演讲中的每一句话，都是平时他们想讲但是讲不出来的内容，只是通过你，把这些话说出来而已。句句打在心坎上，演讲想不成功都难。

因此，主题的选择至关重要，选择那些积极正向、大家都已经认可的价值观作为主题，才能达到相应的效果。我把这类主题统称为：人类永恒的价值观。其通常用**一个词**就能描述。

例如，坚持、友爱、诚信、团结都属于这样的主题。

好的演讲一定是有某种永恒价值观的，因为只有这样的演讲，才能直击灵魂，感染听众。马丁·路德·金的演讲《我有一个梦想》的主题是平等，约翰·肯尼迪的就职演说，主题是奉献。历史上这些伟大的演讲，无一不体现了这一点。

因此，在准备演讲之前，应该先想好你想传递哪一种核心、永恒的价值观。选对主题，演讲就有了明确的方向。

3.1.3　永恒的价值观，升华主题

按照之前的方法，我们新建一个对话栏，取名“永恒的价值观”，并输入以下提示词，先让 ChatGPT 帮我们整理出一些有关永恒的价值观的词汇：

你是一名专业的演讲教练，请帮我列出一些演讲主题，要求：①主题都是一个词语；②主题是人类普遍认可的永恒的价值观，积极正向，如坚持、努力等。请用表格的形式输出。

当然，我很乐意帮助你！以下是一些满足你要求的演讲主

题，它们都是一个词语，并代表人类普遍认可的积极正向的永恒的价值观。这些主题可以用于演讲或作为灵感来源。

演讲主题
坚持
努力
勇气
毅力
耐心
诚实
自律
善良
感恩
慷慨
爱心
谦逊
自信
比例
尊重
团结
坚韧
创造力
平衡
成长

下一步，我们希望能把这些价值观进行简单的归类：

可以对这些主题进行合理的归类吗？还是用表格输出。

当然，我可以为你将这些演讲主题进行归类，并以表格形式输出。以下是将这些主题按照相关性和主题性质进行合理归类的结果：

主题类别	演讲主题
动力与毅力	坚持、努力、勇气、毅力、自律、创造力、耐心
价值观与品质	诚实、善良、感恩、慷慨、爱心、谦逊、尊重
成长与均衡	平衡、成长、坚韧、自信
团结与合作	比例、团结

通过这样的归类，你可以更好地组织你的演讲内容，将相关主题放在一起，以便在演讲中传 达更有逻辑性和连贯性的信息。

希望这个表格对你有帮助！如果你需要进一步的指导或有其他问题，请随时告诉我。

以上 ChatGPT 给出的归类，逻辑结构还不太清晰。著名的古希腊哲学家亚里士多德，曾在其伦理学著作中，对人类的美德进行了归纳。他把人类的美德分为与个人品质相关的品德、与社会品质相关的美德，以及与行为相关的品德。永恒的价值观的主题，可以参考这个归类为：

个人相关：可以细分为做人、做事这两类。

关系相关：可以细分为爱、尊敬、团结这三类。

行动相关：可以细分为勇敢、主动、态度这三类。

继续完善 ChatGPT 提示：

请按照以下分类进行归类：①个人相关，主要是关于个人的品质，可以细分为做人、做事；②关系相关，主要是关于社会的，或者是与他人相处的品质，可以细分为爱、尊敬、团结；③行动相关，主要是在行为中的品质，可以细分为勇敢、主动、态度。请用表格输出。

根据你的要求，我将演讲主题按照个人相关（做人、做事）、关系相关（爱、尊敬、团结）和行动相关（勇敢、主动、态度）的分类进行细分，并以表格形式输出：

主题类别	演讲主题
个人相关—做人	诚实、善良、谦逊、慷慨、自信
个人相关—做事	坚持、努力、毅力、自律、成长
关系相关—爱	爱心、感恩
关系相关—尊敬	尊重
关系相关—团结	团结、比例
行动相关—勇敢	勇气
行动相关—主动	创造力
行动相关—态度	平衡、坚韧、耐心

通过这样的细分分类，你可以更加具体地讨论每个品质在个人、关系和行动中的作用和重要性。希望这个表格对你有所帮助！如果你还有其他问题，请随时告诉我。

在以上基础上，我们继续补充一些主题，可以得到以下主题图，如图 3-1 所示。在准备演讲稿时，大家可以根据演讲稿的题目和故事，结合图 3-1，就可以定位出自己应该写哪一个主题。

如何应用主题定位法呢？举个例子，我辅导过一名学员参加演讲比赛，演讲题目是《有为无畏》(Do without regret)。我了解到这名学员有这样一段经历：她有一次可以代表学校做主持人的机会，主持稿都已经写好了，但是因为害怕上讲台，把这次难得的机会让给了别人。后来她非常的后悔，因此痛定思痛，决定未来一定要克服胆怯和恐惧，勇敢地站上讲台，因此鼓起勇气参加了这次演讲比赛。

结合她的经历，我们在同一对话栏中，利用 ChatGPT 之前形成的永恒价值观（主题）模型，就可以定位出这篇演讲稿的价值观——“勇气”：

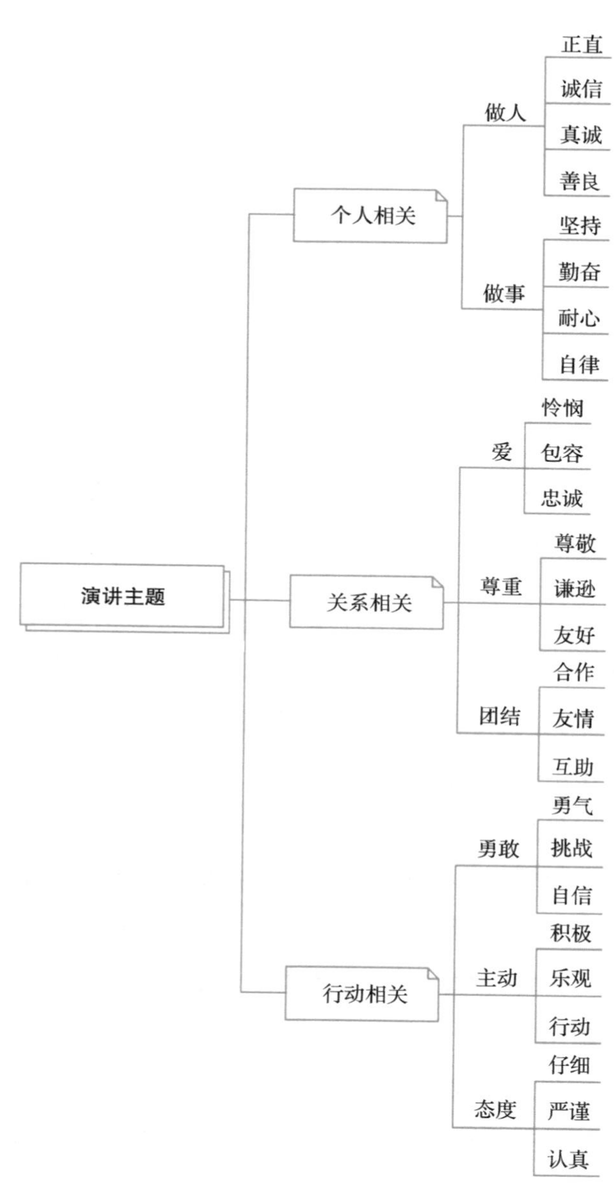
演讲主题
个人相关
做人
正直
诚信
真诚
善良
做事
坚持
勤奋
耐心
自律
关系相关
爱
怜悯
包容
忠诚
尊重
尊敬
谦逊
友好
团结
合作
友情
互助
行动相关
勇敢
勇气
挑战
自信
主动
积极
乐观
行动
态度
仔细
严谨
认真

图 3-1 主题图

我有一个演讲，题目是《有为无畏》，演讲内容为我有一次可以代表学校做主持人的机会，主持稿都已经写好了，但是因为害怕上讲台，结果把稿子给了别人，自然也把这次难得的机会让给了别人，后来我非常的后悔，因此痛定思痛，决定未来一定要克服胆怯和恐惧，勇敢地站上讲台，因此鼓起勇气参加了这次演讲比赛。请帮我在以上演讲主题中选择一个适合的主题。

在以上演讲主题中，适合您的演讲主题是“勇气”。您的演讲内容重点讲述了如何克服内心的恐惧和胆怯，勇敢地站上台，并且引导听众也勇于面对自己的恐惧和不安。因此，“勇气”这个主题能够很好地传达您的演讲主旨。

通过主题定位法，明确了主题，演讲稿就找到了方向，这次演讲拿到了当场比赛的第一名。

主题定位法，是我辅导很多学员演讲成功的秘诀之一。以前制作主题库，需要不断积累主题词，但现在有了 AI 工具的帮助，大家都能很快地生成自己的主题库，大幅提升效率了。

简单总结一下，做好演讲的第一步是选对主题，关键点有两个：只讲一个主题；要选择大家内心已经认可的永恒价值观作为主题。可以说，选对了主题，演讲就成功了一半。

3.2　金句：讲出你的原创金句，让别人轻易记住你

一次演讲，听众能记住多少内容呢？

第二天，你的演讲内容可能就被听众忘得一干二净了。一次成功的演讲，能让别人记住你一两句关键句，就是胜利！

这一两句关键句，就是你真正的演讲主旨，是你希望听众记住、相信，甚至为之改变的话。

这样的句子，称为**金句**，像金子般闪闪发光。大浪淘沙，方显金句本色。

定好了主题，演讲的第二步，就是设计好的金句。

3.2.1 善用原创金句，为演讲画龙点睛

上一节我们提到，选对主题很关键，是做好演讲的第一步。

但如何解释主题，是关键所在。例如，“坚持”这个主题，不同的人有不同的说法。老子说过“千里之行始于足下”，荀子的解释是“不积跬步无以至千里”，而李大钊则说“坚持就是胜利”。

一句好的金句能让听众记住，从而在思想和行为上发生改变，有些甚至可以流传千古。如果演讲中有好的金句，就能让你的演讲熠熠生辉。

但金句并不等同于名人名言，特别是一些耳熟能详的话，如“时间就是金钱”“没有付出就没有收获”“前事不忘、后事之师”这些句子，由于使用得太频繁，已经无法给听众留下深刻的印象了，也达不到“金句”的效果。

只有原创的金句，才能给人耳目一新、眼前一亮的感觉。

原创金句其实有两种：一种是完全由自己原创的金句，第二种是之前不太知名的句子，但因为被用在了合适的地方，从而打上了特色的个人标签。

苹果创始人乔布斯2005年在斯坦福大学毕业典礼上的演讲，一直被奉为经典，关键就是充满了原创金句，这里我节选几段：

人生有限，所以不要把时间浪费在重复其他人的生活上；*不要被教条束缚，那只是根据别人的思维结果而生活，不要让他人的喧嚣纷繁，淹没了自己内心的声音。最重要的是，****你要有勇气去跟随你的直觉和心灵，因为它们在某种程度上已经知道你想要成为什么样子，所有其他的事情都是次要的。***

在我年轻的时候，有本很棒的杂志叫《全球目录》，被我们那代人奉为经典。它是由斯图尔特·布兰德在这附近的Menlo公园创办的。他把自己的文艺气质融汇其中。那是六十年代后期，那时还没有个人电脑。这本杂志全用打字机，剪刀和拍立得照相机编辑的。它就好比是三十五年前的简装版的谷歌，充满理想主义色彩。该书简洁实用，见解独到。

*斯图尔特团队出版了几期《全球目录》。当它后来要停刊的时候，他们出版最后一期。那是七十年代中期，我就像你们这么大。杂志最后一期的封底上，是一幅清晨乡村公路的照片。是那种搭车旅行玩冒险时会遇到的村路，照片下面有这样一句话：“****求知若渴，虚心若愚。****”这是他们停刊的告别语。“求知若渴，虚心若愚。”我一直以此激励自己。在你们即将毕业，开启崭新旅程的时刻，我希望你们也能做到：*

求知若渴，虚心若愚。

谢谢大家！

很多人一想到乔布斯，就会想起“求知若渴，虚心若愚”（Stay hunger, stay foolish）。这句金句虽然不是乔布斯原创的，但打上了他深刻的个人烙印，体现了乔布斯的个人精神和品质。

在自媒体时代，人人都可以成为 IP。我们可以用一场好的演讲、一篇好的长文、一段好的视频树立自己的 IP 形象，而精彩的原创金句，就是让别人记住我们的关键，起到画龙点睛的作用。因此，收集和设计好的原创金句至关重要。

3.2.2 巧用 ChatGPT，1 分钟生成 100 个原创金句

好的演讲金句，有以下 4 个特点：

（1）主题积极正向，符合人类永恒的价值观。

（2）最好是原创金句，能让听众有新奇的感觉。

（3）读起来朗朗上口，简单易记，能给人留下深刻的印象。

（4）句子中包含冲突或比较，能引发人的思考。

以上 4 个特点，也是创作出精彩原创金句的 4 个步骤。

第 1 步，我们可以根据上一节的内容，先储备一个主题库（永恒价值观库）。之前，我们需要自己去收集、积累相应的主题，但现在有了 AI 工具，就能快速生成一个丰富的主题库。这一点在上节已进行了详细介绍，这里就不再赘述了。

第 2 步，根据某主题，尝试从不同角度、场景中解释这个主题，就可以得到很多原创句子，创作出一个原创金句库。作为专业的演讲教练，针对每个主题，我至少都会创作并储备 100 句左右的原创金句，可以帮助我覆盖不同的演讲需求和场景。这个过程以前需要绞尽脑汁地想，现在有了 AI 工具，就变得非常容易了。我们用前面“坚持”的主题来举个例子：

你是一名金句大师，请用“坚持”这个主题，创作 10 条金句，要求金句：①内容积极正向；②思维有深度，能引起人的反思；③语言精练。另外，请帮我备注出对应金句适合什么样的演讲。请用表格的形式列出。

金句	演讲适用场景
（1）坚持是成功之母，只有不断努力，才能登上巅峰	激励人们在追求目标时坚持不懈的演讲
（2）坚持不是一蹴而就的路程，而是每一步都决定你是否成功的旅程	鼓舞人们在遇到挫折时保持坚持的演讲
（3）坚持是燃烧内心的火焰，点燃生命的希望	激发人们在追求梦想时坚持不放弃的演讲
（4）成功离我们并不遥远，只要坚持迈出每一步，我们就离成功更近一步	鼓励人们在实现目标时保持坚持不懈的演讲
（5）坚持是通向成长的桥梁，越坚定，越接近理想的彼岸	激励人们在个人成长和进步中坚持的演讲
（6）每一次坚持，都是给自己一个新的起点，一个更好的未来	鼓舞人们在迈向新目标时坚守初心的演讲
（7）坚持是智者的选择，因为他们知道成功的果实只有在坚持中才能收获	鼓励人们在面对艰难抉择时选择坚持的演讲
（8）坚持是心灵的驱动力，让我们在逆境中找到前行的力量	鼓舞人们在困难时期坚持信念和勇往直前的演讲
（9）坚持是奇迹的孕育者，只有坚守梦想，我们才能看到奇迹的诞生	激发人们对梦想的执着和追求的演讲
（10）坚持是自我超越的钥匙，只有不断挑战自己，才能开启成功的大门	鼓舞人们不断突破自我，追求卓越的演讲

这些金句以坚持为主题，积极正向的内容能够激励听众保持乐观积极的态度。

只要有确定的主题，AI 工具就可以帮我们快速生成大量原创金句，通过提示词还可以给出演讲适用的场景。

这里还存在一个问题，就是语言不够押韵和精练。金句之所以是金句，就是因为读起来朗朗上口、好记，让人听后久久不能忘怀，有深刻的印象。

第 3 步，我们需要用各种方法，让金句产生押韵感。我们先直接输入提示词，让 ChatGPT 优化一下刚才的句子：

优化以上金句，让句子更加押韵，读起来朗朗上口，还是用表格的形式输出。

金句	演讲适用场景
（1）坚持努力，成功离你已不远，登上巅峰成人间	激励人们在追求目标时坚持不懈的演讲
（2）坚持脚步，每步与命运、成功与否紧相连	鼓舞人们在遇到挫折时保持坚持的演讲
（3）坚持燃烧，生命焕希望，奇迹从此刻开始破茧	激发人们在追求梦想时坚持不放弃的演讲
（4）成功路上，每步坚持更近一步，离心之所想更进一寸	鼓励人们在实现目标时保持坚持不懈的演讲
（5）坚守桥梁，成长缘起，理想之岸离我更近	激励人们在个人成长和进步中坚持的演讲
（6）每次坚持，新起点展望，未来更好在指望	鼓舞人们在迈向新目标时坚守初心的演讲
（7）智者选择，坚持卓越，果实佳韵坚持才收	鼓励人们在面对艰难抉择时选择坚持的演讲
（8）心驱力，逆境前行助力寻	鼓舞人们在困难时期坚持信念和勇往直前的演讲
（9）坚持奇迹，梦想孕诞，执着成就妙想	激发人们对梦想的执着和追求的演讲
（10）超越钥匙，不断挑战突破，成功门开锁前	鼓舞人们不断突破自我，追求卓越的演讲

这些优化后的金句更加押韵，读起来更加有韵律、悦耳，并依然

保持积极正向、思维有深度和语言精练的特点，可以在演讲中引起听众的共鸣和反思。

经过 ChatGPT 的优化调整，句子更精练了，但还没有起到金句的效果。那么，什么样的押韵形式和内容，才能产生更好的效果呢？我们先来看几个句子：

他可以领导一次抗议，而我在领导一个国家。

给岁月以文明，而不是给文明以岁月。

一生二，二生三，三生万物。

所有的故事都变成了事故。

以上句子，是不是就有金句的感觉了？它们都出自名人及名著，但之所以这些句子是金句，关键还是因为句子有意义、深度，有前后比较及冲突，而且读起来朗朗上口。

这些句子，实际上都是符合某些句式的，就是有“套路”的。我们再来看另外一组句子：

不在乎天长地久，只在乎曾经拥有。

没有任何道路可以通往真诚，真诚本身就是道路。

地法天，天法道，道法自然。

世间所有的内向都是因为聊错了对象。

这一组句子也都是金句，和上面一组句子比起来，使用的其实是同样类型的金句结构。这些结构是什么呢？

我们假设：

发出动作的人为 A。

第一个动作或者行为是 B。

第二个动作或者行为是 C。

A 对象的变种称为：@。

我们就可以把以上字母做组合，形成组成金句的公式。

例如：

他可以领导一次抗议。

他：A；可以领到一次抗议：这是第一个行动为 B；这句话的公式就是 AB。

而我在领导一个国家。

我：A；在领到一个国家：这是第二个行动为 C；这句话的公式就是 AC。

因此，以上这个金句就是 AB—AC 式金句。

我们来看看："不在乎天长地久，只在乎曾经拥有。"也是 AB—AC 式金句。

于是，我们就可以造出好多类似的句子，比如：

你领导一家公司，我领导你。

用子弹放倒敌人，用酒精放倒朋友。

有人写诗，有人把自己的日子过成了一首诗。

这样的公式还有很多，这里给大家几个参考，见表 3-1。

表 3-1 金句公式

公式	例句
AB—AC 式	（1）他可以领导一次抗议，而我在领导一个国家 （2）不在乎天长地久，只在乎曾经拥有
AB—BA 式	（1）给岁月以文明，而不是给文明以岁月 （2）没有任何道路可以通往真诚，真诚本身就是道路

（续）

公式	例句
AB—BC 式	（1）一生二，二生三，三生万物 （2）地法天，天法道，道法自然
A—@式	（1）所有的故事都变成了事故（颠倒式） （2）世间所有的内向都是因为聊错了对象（对仗式）

可以看到，以上金句公式，不仅读起来朗朗上口，而且由于存在前后比较，内容也有一定的深度。本质上这些金句都是递进式的，底层逻辑就是后面的比前面的更好，没有比较就没有伤害，反差感带来了优越感。

基于以上公式，第 4 步，我们就可以把相应的公式“**投喂**”给 ChatGPT，让它按照这些公式类型批量输出金句。

你是一个金句大师，金句通常是有公式的，我们假设：

发出动作的人为 A。

第一个动作或者行为是 B。

第二个动作或者行为是 C。

例如，他可以领导一次抗议。

他：A；可以领到一次抗议：这是第一个行动为 B；这句话的公式就是 AB。

而我在领导一个国家。

我：A；在领到一个国家：这是第二个行动为 C；这句话的公式就是 AC。

例如，他可以领导一次抗议，而我在领导一个国家。

不在乎天长地久，只在乎曾经拥有。这些例句都符合 AB—AC

公式。请问你理解了吗？如果理解请回复："我理解了"。

我理解了。你提出了一个金句的公式化表达方式，其中 A 代表发出动作的人或物体，B 代表第一个动作或行为，C 代表第二个动作或行为。通过这个公式，你可以构建金句来描述不同的情境或观点。例如，"他可以领导一次抗议，而我在领导一个国家"。符合 AB—AC 的公式。谢谢你的解释！

输入以上提示词，先让 ChatGPT 学习金句公式。这里有一个小技巧，就是在"投喂"内容时，需要让 ChatGPT 做一个确认，比如"我理解了"。

每当我按照：AB—BA 主题的公式给予命令后，你应该按照 AB—BA 的公式写关于这个主题的 10 句金句，主题为一个中心思想词汇，比如坚持、勇气、诚实等。例如，我输入：AB—BA 生活，你可能给的金句就是："有人写诗，有人把自己的日子过成了一首诗。"请问你理解了吗？如果理解了回复："我理解了"。

我理解了。你期望我根据给定的主题词汇，按照 AB—BA 的公式构建关于该主题的十句金句。我会尽力满足你的要求。请提供你想要的主题词汇，我将为你创作相关的金句。

这一步要用另外一个技巧，我建议设计一个指令，从而帮助我们简化后面的输入。我这里设计的指令为"AB—BA 主题"。

AB—BA 坚持。

我理解了。以下是关于主题“坚持”的十句金句，按照 AB—BA 的格式构建：

（1）有人坚持梦想，梦想也因此坚持着他们。

（2）坚持是前行的动力，动力是坚持的源泉。

（3）勇敢面对困难，坚持不懈的人最终会获得成功。

（4）坚持并不容易，但正是坚持让我们变得更强大。

（5）坚持是成功的秘诀，秘诀也在坚持中逐渐揭晓。

（6）坚持自己的信念，信念将引领我们走向辉煌的彼岸。

（7）坚持是一种态度，一种积极向上的生活态度。

（8）坚持不仅是行动，更是一种内心的力量与坚定。

（9）每一次坚持，都是为自己的成长和进步负责。

（10）坚持不是一时的决定，而是持续努力的态度。

希望以上金句能够符合你的要求！

最后输入指令，让 ChatGPT 输出，就得到了一些金句，只需要稍加优化，很多句子就可以直接使用了。通过这种方式，我们就可以快速生成 100 个，甚至无穷无尽的主题原创金句。

这里再做个重要补充，**“投喂”**是现阶段用好 ChatGPT 的关键技术，如果没“投喂”好，有可能输出类似以下的结果：

金句通常是有公式的，例句：“他可以领导一次抗议，而我在领导一个国家。”“不在乎天长地久，只在乎曾经拥有。”这些例句都符合 AB—AC 公式。而例句：“给岁月以文明，而不是给文明以岁月。”“没有任何道路可以通往真诚，真诚本身就是道路。”这些例句符合 AB—BA 公式。请问你理解了吗？如果理解请回复："我理解了"。

我理解了。金句通常可以使用一些公式或模式来增加其表达的艺术感和韵律美。AB—AC 公式表示句子中第一部分和第三部分押韵，而 AB—BA 公式表示句子中第一部分和第四部分押韵。这些公式可以帮助构建更富有韵律感和美感的金句。

请按照 AB—AC 公式，以"坚持"为主题，重新帮我创作 10 句金句。

当然，以下是按照 AB—AC 公式创作的以"坚持"为主题的 10 句金句：

（1）坚持初心，追求无限可能。

（2）路漫漫其修远，坚持信念不退缩。

（3）付出坚持，绽放辉煌。

（4）心有所坚，必有所成。

（5）锲而不舍，坚持到底。

（6）坚持梦想，绽放人生华章。

（7）拥抱挑战，坚持不懈，成就辉煌。

（8）坚持行动，收获辉煌成就。

（9）时光如梭，只有坚持不凡。

（10）坚持目标，奋力向前，创造辉煌未来。

可以看到，如果在"投喂"过程中表达不够具体清楚，输出的内容和我们的需要就会差别很大，后期调整起来也会比较麻烦。

3.2.3 金句放在哪里别人才能轻易记住

有了原创的主题金句后，下一步的关键就是金句放置的位置。

由于在演讲中，金句起着画龙点睛的作用。同一篇演讲稿，金句放在不同位置，效果完全不一样。

我在辅导学员时，通常会依据演讲的场景、目标、听众及文稿的实际情况，把设计好的金句安插在最合适的位置，从而达到最好的效果。

演讲中金句放置的位置，称为关键节点。

关键节点，就是在演讲稿中，把金句放在这些位置，往往能达到最好的效果。关键节点主要有 2 个，分别是终点和峰值点，被称为“终峰定律”。

所谓终点，就是一篇演讲稿最后的部分，金句放在这里，可以起到浓缩总结、升华主题的作用。例如，1995 年 Toastmasters 世界英语演讲比赛冠军 Mark Brown 的冠军演讲《第二次机会》：

在我们的一生中，我们都可能会犯错、失败或迷失方向。但是，如果我们愿意，我们每个人都可以拥有第二次机会。成功的关键不在于避免失败，而在于学会从失败中站起来。当我们勇敢面对失败，坚定地相信自己可以改变，并且持续不断地努力追求目标时，我们就能够抓住生命给予我们的第二次机会。

让我们明白，生命中的每一天都是一个新的开始。无论过去发生了什么，我们都可以选择重新开始。每一次清晨，太阳都会再次升起，带来新的希望和机会。让我们珍惜这些宝贵的时刻，用坚定的决心和积极的心态去迎接新的挑战。

*不要让过去的错误或失败限制了你的未来，要用勇气和决心去追求自己的梦想，相信自己可以改变命运。我相信，**我们每个人都值得获得第二次机会！***

在结尾处，Mark Brown 用一句金句，升华了主题。在很多演讲场景中，把金句放在结尾能达到良好的效果。

峰值点就是演讲的顶点和高潮点。

为了达到良好的演讲效果，演讲中一般都会讲故事。故事的作用之一是通过情节铺垫听众情绪，当情绪累积到峰值时，就会有一个转折点，释放听众的情绪，在这里插入金句，大家往往都能记住，效果最好。例如，马丁·路德·金著名的演讲《我有一个梦想》:

我有一个梦想，有一天我的 4 个小孩将会生活在一个不以肤色而是以品行来评判他们的国家。

我有一个梦想，有一天在亚拉巴马的红土地上，昔日奴隶和主人的儿女能够坐在一起作为兄弟姐妹团聚。

我有一个梦想，有一天密西西比州，一个摆脱种族歧视和压迫的州，将会变成一个充满自由和正义的州。

我有一个梦想，有一天在活动自由的亚拉巴马州，黑人和白人能够携手并肩走进未来。

我有一个梦想，有一天每一个山谷都升起来，每一座小山都降低，崎岖的地方变平坦，弯曲的地方变笔直。

我有一个梦想，这个国家会有一天站起来，实现真正的信奉口号：“我们认为这些真理不可改变：人人生而平等”。

在这里，不仅添加了金句“我有一个梦想”，而且通过使用重复的手法，不断推高了情绪，最终达到了高潮。

我在演讲培训中，通常会根据学员的演讲内容，在高潮点插入金句，尤其是在演讲比赛中，往往能达到立竿见影的效果。

了解了“终峰定律”，就可以用 AI 工具为我们赋能。

先建模，我们需要新建一个对话，明确 AI 是否理解“终峰定律”，并引导 AI 工具在终峰位置插入金句。

演讲中有一个原理，叫作“终峰定律”，指的是终点和顶点的体验最重要，这个你了解吗？如果你了解请回答：“我了解”。

我了解“终峰定律”，这个原理指的是在某个过程或体验中，终点和顶点的感受和印象对人们来说是最为重要的。这意味着在演讲、旅行、项目执行等情境中，人们往往更加关注活动的最后阶段或者其中的高潮部分。

在演讲中，以“终峰定律”为指导，演讲者应该在结尾处留下深刻的印象，以强调演讲的主要观点或给听众留下启发。这样，听众更有可能记住并传播演讲内容。

在旅行中，游客通常会对整个旅程的高潮部分或者最后的目的地留下深刻的回忆，这对于旅行体验的评价和口碑非常重要。

类似地，在项目执行中，项目团队通常会努力在项目末期取得显著的成果，以确保项目圆满成功，同时为利益相关者带来积极的体验。

总体而言，“终峰定律”在许多情境中都有实际应用，强调了事物结束阶段和高潮部分的重要性，因为这些时刻通常会对人们的感知和回忆产生最大的影响。

了解了“终峰定律”，在演讲的终点和顶点放置金句，往往可以取得更好的效果，让听众更容易记住这句话，认同演讲的主旨，这点你理解吗？如果理解请回答：“我理解”。

我理解。在演讲的终点和顶点放置引人注目的金句，确实可以取得更好的效果。这样的金句通常包含演讲的核心信息，能够简洁地表达演讲的主旨和重要观点。由于这些金句处在演讲的关键位置，听众更容易注意和记住它们，从而更好地理解和认同演讲的主旨。

一个有力的结尾金句可以给听众留下深刻的印象，并在演讲结束后持续在听众的记忆中回响。它可以强化演讲的主题，激发听众的情感，甚至激发行动。同时，如果演讲者在演讲的高潮部分放置金句，也能够让整个演讲更具吸引力，吸引听众的关注，保持他们的兴趣。

因此，了解并运用“终峰定律”，在演讲的终点和顶点巧妙地放置金句，是提升演讲效果、增强记忆和影响力的一种有效策略。

这里有个小技巧，当引导 AI 工具思考时，一定要进行相关确认，让 AI 工具回答“我理解”“我了解”。

在前面的案例中，以“坚持”为主题，输出了一批金句，我们挑出其中一条：“坚持并不容易，但正是坚持让我们变得更强大”，并结合在第一节中输出的自我介绍演讲，让 AI 工具实现对演讲稿的自动优化，在关键位置填入金句。

当然，我们还是可以用之前的技巧，编写一个指令，让以后的同类生成更加便捷，实现批处理。

每当我给出指令公式：金句 [] 演讲稿 [] 峰，即在演讲稿的峰值点（高潮）插入金句，第一个 [] 中应填入金句，第二个 [] 应填入演讲稿，如果没填入内容需要报错：“对不起，你有信息未填写。”请问你理解了吗？理解请回复：“我理解了”。

我理解了。

金句［坚持并不容易，但正是坚持让我们变得更强大］演讲稿［大家好，我是小明。从小开始，我就对音乐产生了浓厚的兴趣，这也是我今天在这里与大家见面的原因。我想和大家分享一下我的故事，让大家知道即使是出生在平凡家庭的人，只要有热爱和努力，也可以实现自己的梦想。

我的父母都是工人，家庭并不富裕。但是，他们一直支持我追求自己的梦想。我很庆幸能够在他们的支持下，顺利地上学，并一直追求自己的音乐梦想。

从小到大，音乐一直是我生活中不可或缺的一部分。我不仅喜欢听音乐，而且对音乐制作和演奏有着浓厚的兴趣。我一直努力学习和探索，通过自学和参加音乐课程不断提升自己的音乐技能。现在，我已经开始在音乐领域发展，并取得了一些成果。今年 5 月，我将在维也纳金色大厅，开启自己的第一场音乐巡演。

虽然我还有很长的路要走，但我相信只要我一直努力坚持，追求自己的音乐梦想，那么一切都可能实现。我希望我的故事能够鼓励大家，尤其是那些和我一样喜欢音乐的人，相信自己，坚持不懈地追求自己的梦想。

谢谢大家。] 峰

非常棒！在演讲稿的峰值点（高潮）插入金句的效果会让整个演讲更加有力和感人。以下是演讲稿中插入金句后的内容：

大家好，我是小明。从小开始，我就对音乐产生了浓厚的兴趣，这也是我今天在这里与大家见面的原因。我想和大家分享一下我的故事，让大家知道即使是出生在平凡家庭的人，只要有热爱和努力，也可以实现自己的梦想。

我的父母都是工人，家庭并不富裕。但是，他们一直支持我追求自己的兴趣和梦想。我很庆幸能够在他们的支持下，顺利地上学，并一直追求自己的音乐梦想。

从小到大，音乐一直是我生活中不可或缺的一部分。我不仅喜欢听音乐，更是对音乐制作和演奏有着浓厚的兴趣。我一直努力学习和探索，通过自学和参加音乐课程不断提升自己的音乐技能。现在，我已经开始在音乐领域发展，并取得了一些成果。今年 5 月，我将在维也纳金色大厅，开启自己的第一场音乐巡演。

虽然我还有很长的路要走，但我相信只要我一直努力坚持，追求自己的音乐梦想，那么一切都可能实现。[坚持并不容易，但正是坚持让我们变得更强大。] 我希望我的故事能够鼓励大家，尤其是那些和我一样喜欢音乐的人，相信自己，坚持不懈地追求自己的梦想。

谢谢大家。

可以看到，AI 工具可以自行识别演讲稿的峰值点从而插入金句。经反复验证，AI 工具对峰值点的判断，准确性是很高的。

通过以上方法，用好 AI 工具，在确定好主题后，我们就可以批量生产出金句了，并且在演讲稿合适的位置插入合适的金句，进一步优化和提升演讲稿的质量。

3.3　逻辑：逻辑不对，讲再多都白费

你有没有遇到过这样的人，说很多话，但总抓不住重点，逻辑混乱、条理不清。

演讲和表达的顺畅，背后的关键是思维逻辑，**只有想清楚，才能讲清楚。**

想拥有好的口才，首先需要锻炼的就是逻辑能力。

正所谓：逻辑不对，讲再多都白费。

3.3.1　表达的关键是清楚问题和目标

在培训中，经常有学员问我：“小安老思，我总是表达不清楚，讲着讲着自己就乱了，有什么办法可以提升逻辑能力吗？我多买点思维逻辑方面的书来看看可以吗？”

但事实是，看了很多有关思维逻辑的书，依然解决不了表达不清楚的问题。

原因是，表达清楚的关键不在逻辑本身，而在于逻辑是否能充分服务话题的主旨和内容。

举个例子，假设你和一个朋友聊天，今天本来谈的话题是如何才能减肥。但你朋友一直指东打西，一会聊健身的好处，一会聊如何吃好吃的，即使他的表达很有逻辑，每个话题都能列出清晰的观点，听着好像和你们要讨论的话题有关系，你也会很快失去耐心。

说话有逻辑，只是语言表达的逻辑，我们真正需要提升的，是解决问题的逻辑。

毕竟，逻辑是为解决问题服务的，不解决问题的逻辑是无用的。清楚问题和目标才是表达的关键，即掌握以下两种思维：

（1）问题导向思维。

（2）目标导向思维。

问题导向思维，就是明确问题。问自己三个问题：我做什么表达？我为什么要表达？我对谁表达？

举个例子，如果你要参加演讲比赛，你最应该思考的，不是如何让你的演讲稿写得更有逻辑、表达更有条理，而是先想清楚上面的三个问题。

我做什么表达？

我要参加一场演讲比赛，这场演讲比赛的主题是歌颂中华文明。这场演讲比赛的参赛选手主要是各机关单位。

我为什么要表达？

我要参加演讲比赛，而且想在演讲比赛中取得更好的成绩。

我对谁表达？

台下有观众，但最重要的人是评委。评委主要关注我们的故事是否足够感人，是否能够激发听众的情绪，激发听众对于中华文明的自豪感及共鸣。

通过以上分析，我们可以看出，问题导向思维可以帮助我们更好地梳理目标，也可以指导我们的语言表达逻辑。在这个场景中，重要性顺序、因果顺序、比例顺序等就明显不适合了，而应该采用时间顺序、空间顺序、故事情节顺序等表达方式。

目标导向逻辑就是通过问题，明确你的演讲目标。

按照目标分类，演讲通常可以分为以下 4 种：

（1）激励型演讲。

（2）信息传递型演讲。

（3）说服型演讲。

（4）幽默型演讲。

激励型演讲就是通过演讲，激励听众并影响听众的想法，进而让其改变行动。政治家、企业家的公开演说，往往就属于这种类型。

信息传递型演讲主要就是传递某些研究成果或者普及相关知识和信息，例如 TED 演讲、项目展示等就属于这种演讲。

说服型演讲的主要目标是说服听众，达到认可、购买等目的，例如销售演讲、商业路演等。

幽默型演讲主要是娱乐听众，让大家开心、放松，例如脱口秀等，就属于典型的幽默型演讲。

当然，有些演讲可能同时有几个目标，比如产品发布会，可能具有信息传递和说服两种目标。

对于演讲比赛，选手的演讲目标很可能就是激励和说服。

我在辅导演讲学员时，一般会先分析演讲的场景和需要解决的问题，再明确演讲目标。一旦确定了问题和目标，选择什么样的结构模型也就清晰了。

3.3.2 3 维思考，想清楚才能表达清楚

表达不清、逻辑混乱，讲不清楚的根本原因是没有想清楚。

想清楚的关键是做减法。

上一节中提到，为了理清逻辑去学习很多所谓的思维逻辑方法和道理，可能是在做加法。

就像一个缠绕的线头，有时候你越是着急解开它，它反而缠得越紧。我们需要做的，只是理清它的来龙去脉，顺着一个方向去梳理。

这里，我给大家分析一下为什么很多朋友表达不清楚、逻辑混乱。

根本原因在于，你做的是点状思考，我称其为 0 维思考。

你大脑里存放着很多想法、很多点子，但它们就像一个个散落的点。你一会想起这个，一会又想起那个，永远没法把它们联系到一起。在这种情况下，你的表达逻辑一定是混乱的。

比 0 维思考更高一层的是线状思考，我称其为 1 维思考。在这个维度下，你有一些基础的思维逻辑。例如，思考一个问题，你可以按照某种顺序来进行。如果按时间顺序，你可以按照过去、现在、未来的顺序分析。

再高一层的，是网状思考，我称其为 2 维思考。你不仅有横向的顺序思维，也有纵向的层次思维。这个时候，你的思考维度不是一条

线，而是一个面，能覆盖的内容也大大扩展了，考虑会更周全，逻辑线条也会更清晰。

最高一层的，是立体思考，我称其为 3 维思考。除了横向、纵向的思考逻辑，你还需要做通盘考虑，引入不同的环境变量，让你的思维更加完整、立体，包含全局，从而取得更多的视角，获得充分的逻辑。

如果你一表达，脑子就会很乱，没有一个清晰的思路，那么大概率你处还处在 0 维，如果你可以有一些基本的思路，但是无法多一个维度思考，那你应该处在 1 维。训练逻辑表达的过程，就是升级思维的过程。

升级思维需要学习储备一些思维模型，但如果只是照搬照抄各种逻辑思维方法和概念术语，你不但学不会，还会越来越不清楚。只是记住一些思维模型和工具，也很难面面俱到。在 AI 时代，我们更需要了解底层逻辑。这样 AI 工具就能源源不断地给我们提供所需要的知识和思维模型。下一节，我们就来看看 AI 工具是如何帮助我们提升思维逻辑的。

3.3.3　3 个阶段，用 AI 工具提升思维逻辑

提升的第 1 阶段是从点状思维到线状思维。所谓线状思维，就是在思考和表达时，有明确的逻辑和顺序。因此，只要能掌握一些顺序，并且在演讲和表达时刻意使用合适的顺序，我们就能初步提升思维逻辑。

首先，让 ChatGPT 列出一些逻辑顺序模型。

你是一名逻辑大师，思维非常清晰，请帮我们列出一些思维逻辑顺序的种类，比如时间顺序等，要求用表格的形式输出，包含序号、顺序种类、典型案例和适用范围。请尽量多列一些种类，全面一些。

当涉及思维逻辑顺序时，有许多种类可以使用。以下是一些常见的思维逻辑顺序种类，包括它们的序号、典型案例和适用范围，以表格形式呈现：

序号	顺序种类	典型案例	适用范围
1	时间顺序	历史事件按发生时间先后排序	叙述历史事件、过程、发展或生物进化过程
2	逻辑顺序	文章或论点中的先因后果的关系	呈现事物发展、演变的逻辑
3	空间顺序	地理位置或空间范围的排序	描述地理位置、组织空间信息
4	重要性顺序	按照重要程度进行排序	强调事物、概念或观点的重要性
5	频率顺序	根据事件发生的频率进行排序	描述经常发生的事件或现象
6	对比 / 对照顺序	将两个或多个事物进行对比	分析相似和不同之处
7	问题解决顺序	根据解决问题的步骤进行排序	描述解决问题、实现目标的步骤
8	影响因果顺序	揭示事件之间的因果关系	分析原因和结果，探讨影响
9	比例顺序	按比例或大小进行排序	描述数量、规模或比例的变化
10	分类顺序	将事物或概念按类别或特征进行分组	组织分类信息、进行细分
11	优先级顺序	根据优先级或重要程度进行排序	规划任务执行顺序、决定资源分配
12	故事情节顺序	小说或故事情节的时间或逻辑	叙述故事、创作小说

可以看出，ChatGPT 提供了一个较为全面的逻辑顺序库。我们利用这个库，可以更好地思考和表达，甚至可以优化演讲稿，让它更有逻辑，例如上一节的这篇自我介绍：

大家好，我是小明。从小开始，我就对音乐产生了浓厚的兴趣，这也是我今天在这里与大家见面的原因。我想和大家分享一下我的故事，让大家知道即使是出生在平凡家庭的人，只要有热爱和努力，也可以实现自己的梦想。

我的父母都是工人，家庭并不富裕。但是，他们一直支持我追求自己的兴趣和梦想。我很庆幸能够在他们的支持下，顺利地上学，并一直追求自己的音乐梦想。

从小到大，音乐一直是我生活中不可或缺的一部分。我不仅喜欢听音乐，更是对音乐制作和演奏有着浓厚的兴趣。我一直努力学习和探索，通过自学和参加音乐课程不断提升自己的音乐技能。现在，我已经开始在音乐领域发展，并取得了一些成果。今年 5 月，我将在维也纳金色大厅，开启自己的第一场音乐巡演。

虽然我还有很长的路要走，但我相信只要我一直努力坚持，追求自己的音乐梦想，那么一切都可能实现。坚持并不容易，但正是坚持让我们变得更强大。我希望我的故事能够鼓励大家，尤其是那些和我一样喜欢音乐的人，相信自己，坚持不懈地追求自己的梦想。

谢谢大家。

我们可以利用 ChatGPT，把它改写为一篇按时间顺序进行的自我介绍。

以下这篇自我介绍，可以用时间顺序做个重新梳理吗？要求内容不变，只改变逻辑顺序。自我介绍为：大家好，我是小明。从小开始，我就对音乐产生了浓厚的兴趣，这也是我今天在这里与大家见面的原因。我想和大家分享一下我的故事，让大家知道即使是出生在平凡家庭的人，只要有热爱和努力，也可以实现自己的梦想。

我的父母都是工人，家庭并不富裕。但是，他们一直支持我追求自己的兴趣和梦想。我很庆幸能够在他们的支持下，顺利地上学，并一直追求自己的音乐梦想。

从小到大，音乐一直是我生活中不可或缺的一部分。我不仅喜欢听音乐，更是对音乐制作和演奏有着浓厚的兴趣。我一直努力学习和探索，通过自学和参加音乐课程不断提升自己的音乐技能。现在，我已经开始在音乐领域发展，并取得了一些成果。今年 5 月，我将在维也纳金色大厅，开启自己的第一场音乐巡演。

虽然我还有很长的路要走，但我相信只要我一直努力坚持，追求自己的音乐梦想，那么一切都可能实现。[坚持并不容易，但正是坚持让我们变得更强大。] 我希望我的故事能够鼓励大家，尤其是那些和我一样喜欢音乐的人，相信自己，坚持不懈地追求自己的梦想。

谢谢大家。

大家好，我是小明。从小开始，我就对音乐产生了浓厚的兴趣，这也是我今天在这里与大家见面的原因。让我用时间顺序重新梳理一下我的故事：

（1）童年时期：

- 我的父母都是工人，家庭并不富裕，但他们一直支持我追求自己的兴趣和梦想。

- 在他们的支持下，我顺利地上学，并一直保持着对音乐的热爱。

（2）成长过程：

- 从小到大，音乐一直是我生活中不可或缺的一部分。
- 我不仅喜欢听音乐，更对音乐制作和演奏有着浓厚的兴趣。
- 通过自学和参加音乐课程，我不断提升自己的音乐技能。

（3）音乐成果：

- 在不断努力学习和探索后，我已经开始在音乐领域发展，并取得了一些成果。
- 今年 5 月，我将在维也纳金色大厅开启自己的第一场音乐巡演。

（4）对未来的信念：

- 虽然我还有很长的路要走，但我相信只要我一直努力坚持，追求自己的音乐梦想，一切都可能实现。
- 坚持并不容易，但正是坚持让我们变得更强大。

（5）鼓励他人：

- 我希望我的故事能够鼓励大家，尤其是那些和我一样喜欢音乐的人，相信自己，坚持不懈地追求自己的梦想。

谢谢大家。

通过按照时间顺序重新梳理，我更清晰地呈现了从小明童年时期到现在的音乐成果和对未来的信念，更好地展示了小明追求梦想的过程和态度。这样的逻辑顺序使自我介绍更加连贯和易于理解。

当然，我们也可以让 ChatGPT 把它用改写成按其他的逻辑顺序。

按重要性顺序呢？

当按照重要性顺序重新梳理自我介绍时，将重点放在最重要的事物或阶段上，以下是重新排列后的自我介绍：

大家好，我是小明。我想和大家分享一下我的故事，让大家知道即使是出生在平凡家庭的人，只要有热爱和努力，也可以实现自己的梦想。

（1）对未来的信念：

- 虽然我还有很长的路要走，但我相信只要我一直努力坚持，追求自己的音乐梦想，一切都可能实现。
- 坚持并不容易，但正是坚持让我们变得更强大。

（2）音乐成果：

- 在不断努力学习和探索后，我已经开始在音乐领域发展，并取得了一些成果。
- 今年 5 月，我将在维也纳金色大厅开启自己的第一场音乐巡演。

（3）童年时期：

- 我的父母都是工人，家庭并不富裕，但他们一直支持我追求自己的兴趣和梦想。
- 在他们的支持下，我顺利地上学，并一直保持着对音乐的热爱。

（4）成长过程：

- 从小到大，音乐一直是我生活中不可或缺的一部分。
- 我不仅喜欢听音乐，更对音乐制作和演奏有着浓厚的兴趣。

- 通过自学和参加音乐课程，我不断提升自己的音乐技能。

（5）鼓励他人：

- 我希望我的故事能够鼓励大家，尤其是那些和我一样喜欢音乐的人，相信自己，坚持不懈地追求自己的梦想。

使用 ChatGPT 建模后，我们就可以非常方便地调整稿件的结构了。

提升的第 2 个阶段，是从线状思维到网状思维。按照之前的逻辑，我们让 ChatGPT 梳理出相关的网状思维模型。

刚才梳理了逻辑顺序，接下来请多考虑一个维度，帮我列出一些思维逻辑模型的种类。这些思维逻辑模型应该同时考虑到横向和纵向两个维度，例如金字塔原理模型，还是用表格形式输出，包含序号、逻辑模型的种类、典型案例和适用范围。请尽量多罗列一些种类，全面一些。

当涉及同时考虑横向和纵向两个维度的思维逻辑模型时，有许多种模型可以使用。以下是一些常见的思维逻辑模型种类，包括它们的序号、逻辑模型种类、典型案例和适用范围，以表格形式呈现：

序号	逻辑模型的种类	典型案例	适用范围
1	金字塔原理模型	逐级展开主题，由总结到具体细节	用于撰写演讲、报告、文章等，将观点有条理地呈现
2	SWOT 分析模型	分析企业的优势、劣势、机会和威胁	用于战略规划、市场分析、项目评估等
3	5W1H 模型	提出问题：谁、什么、何时、何地、为什么、如何	用于问题分析、事故调查、需求分析等
4	PDCA 循环模型	Plan（计划）、Do（实施）、Check（检查）、Act（执行）	用于过程改进、质量管理、问题解决等

（续）

序号	逻辑模型的种类	典型案例	适用范围
5	5 个为什么模型	迭代式提问，追求问题的根本原因	用于故障排查、问题解决、改进流程等
6	矩阵分析模型	横纵坐标交叉，进行综合评估	用于比较多个因素，进行决策、选择、评估等
7	杜邦分析模型	分解企业绩效影响因素，探究业绩来源	用于企业绩效分析、财务指标评估等
8	鱼骨图（因果图）模型	分析问题产生的原因，从多个角度归因	用于问题分析、质量管理、团队讨论等
9	格里德模型	横向纵向双重轴线，综合考虑问题的复杂性和重要性	用于优先级排序、任务安排、资源分配等
10	时间管理矩阵模型	将任务按紧急性和重要性分类，优化时间安排	用于时间管理、提高工作效率
11	漏斗模型	逐步筛选和推进，实现目标落地	用于销售流程、招聘筛选、项目管理等

让 ChatGPT 用其中的一个模型，改写这篇自我介绍，让它更像一篇自我分析报告。

请用金字塔原理模型改写之前的自我介绍稿，改写为分析自己的特点。

当运用金字塔原理模型来分析自己的特点时，我们将先从总体特点出发，逐步展开到具体的细节。以下是用金字塔原理模型改写后的自我介绍：

大家好，我是小明。我想和大家分享一下我的个人特点，让大家了解我是如何通过热爱和努力实现自己的梦想的。

我是一个有坚定信念的人。从小开始，我就对音乐产生了浓厚的兴趣，这一点是我今天在这里与大家见面的原因。我相信只要我一直坚持努力，追求自己的音乐梦想，一切都可能实现。无论遇到多大的困难，我都会保持信心，相信自己的能力和潜力，这是我实现目标的强大动力。

我的父母都是工人，家庭并不富裕。但是，他们一直支持我追求自己的兴趣和梦想，这种家庭的支持和鼓励使我更加坚定地追求自己的音乐梦想。他们的爱和支持给了我勇气和力量，让我敢于面对挑战，去追求我热爱的事物。

从小到大，音乐一直是我生活中不可或缺的一部分。我不仅喜欢听音乐，更是对音乐制作和演奏有着浓厚的兴趣。通过自学和参加音乐课程，我不断提升自己的音乐技能，不断丰富自己的音乐知识。我的不懈努力和持续学习让我在音乐领域有了一定的成果，并即将在维也纳金色大厅开启自己的第一场音乐巡演。

虽然我还有很长的路要走，但我相信只要我坚持不懈地追求自己的音乐梦想，我将不断成长和进步。坚持并不容易，但正是坚持让我变得更强大。我希望我的故事能够鼓励大家，尤其是那些和我一样喜欢音乐的人，相信自己，坚持不懈地追求自己的梦想。

谢谢大家。

第 3 个阶段，就是要考虑到更多的思维维度，接下来让 ChatGPT 输出更多模型：

刚才梳理了二维逻辑思维模型，接下来请多考虑一个维度，帮我列出一些三个维度以上的思维逻辑模型种类，还是用表格形式输出，包含序号、逻辑模型种类、典型案例和适用范围。请尽量多列一些种类，全面一些。

考虑更多的维度可以帮助我们更全面地理解和分析问题。以下是一些常见的三个维度以上的思维逻辑模型种类，包括它们的序号、逻辑模型种类、典型案例和适用范围，以表格形式呈现：

序号	逻辑模型种类	典型案例	适用范围
1	四象限分析模型	将问题或决策按照重要性和紧急性划分为四象限	用于时间管理、任务优先级排序、问题解决等
2	BCG 矩阵	通过市场份额和市场增长率划分产品或业务的发展阶段	用于产品组合分析、战略规划等
3	九宫格模型	结合九个不同的因素进行决策评估	用于决策辅助、问题分析、选项评估等
4	树状结构图	通过树状图展示事物之间的层次关系	用于组织架构、知识图谱、流程图等
5	蝴蝶模型	通过两个对称的因素进行比较，探究相似和不同之处	用于对比分析、产品设计、竞争对手分析等
6	圆环图	将事物或概念围绕中心点展示，显示整体和部分的关系	用于展示体系结构、组织结构、业务流程等
7	四因素分析模型	结合社会、技术、经济和政治四个因素进行问题分析和决策	用于市场分析、政策制定、项目评估等
8	SCAMPER 法	通过替代、组合、调整、修改、逆转、放大进行产品更新	用于创意发散、产品改善

总之，厘清逻辑的过程就是思维的维度提升的过程。首先，要做到线性思考，能把点状的零散信息串起来，在表达过程就不会显得散乱和语无伦次。其次，要做到网状思考，不仅能按照一定的顺序表达，还能兼顾到层次。这样的表达就能重点突出，有层次感，逻辑条理清晰。最后，要通过立体思考，考虑到更多维度，并能按照思维模型的方式思考和表达。这 3 个阶段通常是循序渐进的过程，逻辑能力的提高需要科学、有针对性的训练，不能一蹴而就。但有了 AI 工具的助力，我们不仅可以通过 AI 工具学习到很多思维模型，还可以让 AI 工具直接帮我们梳理和调整稿件的结构，提升我们的思维逻辑能力。

3.4　内容：轻松搞定演讲开场、主体和收尾

有了清晰的逻辑结构，下一步就是填充内容。

演讲内容一般分为三个部分：开场、主体和收尾。

每一个部分，都有着重要的作用。有一个说法是：好的演讲稿的内容可分为龙头、猪肚和豹尾。开场震撼吸睛，主体部分充实，结尾总结升华。但要真正做到这些，很不容易。很多朋友绞尽脑汁都写不出几个字，更别谈写出丰富的内容了。

现在有了 AI 工具，可以轻松搞定开场、主体和收尾。

3.4.1　震撼开场的 3 大作用

好的开始是成功的一半。对演讲来说，好的开场几乎决定了演讲的成功。

为什么呢？因为听众的注意力有限，一旦开场不能吸引听众，后面就很难吸引听众了。

一个统计显示：十年前，大众的注意力大致可以集中 15 秒，但是在短视频时代，大家的注意力集中时间已经下降到了 7 秒。

也就是说，如果在演讲一开始的几秒内，不能够有效集中大家的注意力，他们就可能走神、刷手机、聊天等。

可以说，演讲不仅是表达和内容输出的过程，而且是持续管理听众的注意力的过程。演讲者需要在开场就吸引听众，并且在演讲内容中，埋设各种“钩子”，持续管理听众的注意力，让听众不要“身在曹营心在汉”。

毕竟，听众的注意力在演讲者身上，才能接收到演讲者的信息，演讲者的内容输出才有价值。

因此，打造震撼开场非常重要。演讲开场主要有 3 大作用：

（1）吸引注意力。

（2）导入主题。

（3）为主体部分服务。

开场的第一个作用是吸引注意力，就是在开场埋入一个“钩子”。这个“钩子”的作用是可以激发听众的兴趣，引发好奇心，从而吸引听众的注意力，让其愿意接着听下去。

开场的第二个作用是导入主题。有时候，开场可以是完整演讲的浓缩版。通过好的引导，使听众愿意探索完整版的内容。

开场的第三个作用是为主体部分服务。有时候是开场抛出一个问题引导听众探索，有时候则是给出一个对立的观点，然后逐步打破，可以起到为主体部分做良好铺垫和对比的作用。

总之，开场最重要的就是要“钩”住听众的注意力，从而和听众建立起有效连接。

我们看看 ChatGPT 对于演讲开场的认识是怎样的。还是按照之前的提示词公式，给 ChatGPT 赋予角色，然后进行提问。

你是一名演讲大师，请告诉我演讲开场最重要的作用和目标是什么？给出三点即可。

作为一名演讲大师，演讲开场的最重要作用和目标如下：

（1）吸引听众的注意力：演讲开场应该能够立即吸引听众的注意

力，让他们对演讲感兴趣并愿意继续聆听。一个引人入胜的开场能够在一开始就打动听众，激发他们的好奇心，为后续内容铺垫良好的氛围。

（2）建立与听众的连接：开场是与听众建立情感和认知连接的关键时刻。演讲者应该在开场阶段与听众建立共鸣，让他们感受到自己和听众之间的共同点，或者分享一个引人入胜的故事，让听众能够与演讲者产生情感上的共鸣，增强听众对演讲者的信任和兴趣。

（3）提出演讲主题和目标：开场还应该明确地提出演讲的主题和目标，让听众清楚地了解他们将要听到什么内容以及演讲的目的是什么。这样可以帮助听众更好地集中注意力，并在演讲过程中保持对主题的关注，同时也有助于听众对演讲内容形成整体的认知框架。

总结起来，演讲开场最重要的作用和目标是吸引听众的注意力，建立与听众的连接，并明确演讲的主题和目标，从而为整个演讲打下坚实的基础，确保演讲能够更有效地传达信息和引发听众的共鸣。

我们发现，ChatGPT 的回答很有专业性。但更重要的是，在这个对话框中，我通过提问建立了一个演讲开场的提问模型，便于 ChatGPT 继续给出专业化的答案。

请帮我列出一些常见的演讲开场的方法，要求用表格的形式输出，表格应包含序号、演讲开场的方法、方法的特点和适用类型。

序号	演讲开场的方法	方法的特点	适用类型
1	引用名人名言	引用权威人士的名言警句，增强演讲的说服力和威信	激励演讲、政治演讲、领导力演讲
2	提问	提出引人思考的问题，引发听众的兴趣，激发他们参与演讲的欲望	互动演讲、教育演讲、辩论演讲
3	故事叙述	讲述生动有趣的故事，打动听众情感，建立情感连接	感人演讲、教育演讲、个人经历分享
4	数据和统计数字	呈现数据和统计数字，提供客观证据，增强演讲的可信度和逻辑性	专业演讲、科技演讲、商业演讲
5	视觉或音频效果	使用视觉或音频效果，吸引听众的视听感官，营造震撼氛围	创意演讲、科技演讲、产品发布演讲
6	描述场景或现状	描绘引人入胜的场景或现状，让听众立体感知演讲主题	旅游演讲、环保演讲、社会问题演讲
7	引用有趣事实或趣闻	提供有趣的事实或趣闻，引发听众好奇心，吸引他们继续关注	娱乐演讲、轻松幽默演讲、社交场合
8	引用相关的引用或电影台词	使用与演讲主题相关的电影台词或文学引用，增加共鸣和情感联系	文化演讲、主题演讲、庆典活动演讲

以上是一些常见的演讲开场方法，每种方法都有其独特的特点和适用类型，演讲者可以根据自己的风格和演讲主题选择最合适的开场方式，从而吸引听众的注意力并成功开启演讲。

通过以上提问，ChatGPT 列出了 8 种演讲开场的方法。我们可以继续提问它，快速形成一个演讲开场的方法库。

到这里，如果你有一篇现成的演讲稿，但是需要改动下开场部分，就可以利用 ChatGPT，快速优化开场。之前那篇自我介绍，感觉开场互动性还不够，没能很好地激发听众的兴趣，我们来看一看

ChatGPT 给出的优化答案：

这里有一篇自我介绍，请用提问法改一下开头，让这篇自我介绍稿更有吸引力，激发听众兴趣，自我介绍为：大家好，我是小明。从小开始，我就对音乐产生了浓厚的兴趣，这也是我今天在这里与大家见面的原因。我想和大家分享一下我的故事，让大家知道即使是出生在平凡家庭的人，只要有热爱和努力，也可以实现自己的梦想。

我的父母都是工人，家庭并不富裕。但是，他们一直支持我追求自己的兴趣和梦想。我很庆幸能够在他们的支持下，顺利地上学，并一直追求自己的音乐梦想。

从小到大，音乐一直是我生活中不可或缺的一部分。我不仅喜欢听音乐，更是对音乐制作和演奏有着浓厚的兴趣。我一直努力学习和探索，通过自学和参加音乐课程不断提升自己的音乐技能。现在，我已经开始在音乐领域发展，并取得了一些成果。今年 5 月，我将在维也纳金色大厅，开启自己的第一场音乐巡演。

虽然我还有很长的路要走，但我相信只要我一直努力坚持，追求自己的音乐梦想，那么一切都可能实现。[坚持并不容易，但正是坚持让我们变得更强大。] 我希望我的故事能够鼓励大家，尤其是那些和我一样喜欢音乐的人，相信自己，坚持不懈地追求自己的梦想。谢谢大家。

大家好，你们有没有遇到过一个热爱音乐并将其视为生命的一部分的人呢？今天，在这里见到你们，我是那个热爱音乐的人，我是小明。

你们是否也曾从小就对某件事情充满了浓厚的兴趣，就像我对音乐的热爱一样？这也是我今天站在这里与大家见面的原因。

你们想听听我是如何从一个平凡家庭走来，实现了自己的音乐梦想的吗？我想和你们分享我的故事，让你们知道，即使出生在普通的家庭，只要拥有热爱和努力，也能追逐梦想。

你们是否认同家人的支持对于一个人的成长有多么重要？我的父母是工人，家庭并不富裕，但是他们一直支持我追求自己的兴趣和梦想。

你们是不是也有一个从小到大都伴随你们的事物，成为生活中不可或缺的一部分？对我来说，音乐就是这样的存在。我不仅喜欢听音乐，更是对音乐制作和演奏有着浓厚的兴趣。

你们是否曾经为了追求梦想而不断学习和探索，不断提升自己的技能？我通过自学和参加音乐课程，不断努力学习和探索，终于让我的音乐梦想开始在现实中成为可能。

你们是不是也憧憬着有一天能够在自己热爱的领域取得一些成就？我很开心地告诉你们，今年 5 月，我将在维也纳金色大厅，开启自己的第一场音乐巡演。

你们是否也经历过坚持不懈地追求梦想，虽然道路并不容易？我相信只要我们坚持不懈地追求梦想，一切都有可能实现。坚持，并不容易，但正是坚持让我们变得更强大。

你们希望自己的故事能够鼓舞他人，让更多人相信自己，坚持不懈地追求梦想吗？我希望我的故事能够鼓励大家，尤其是那些和我一样喜欢音乐的人，相信自己，坚持不懈地追求自己的梦想。

我们发现，ChatGPT 把每一段的开头都改成提问式了。这显然不符合我们的优化需求，继续进行提示。

只在整篇自我介绍的开头使用提问法就好，请重新输出。

大家好，你们是否曾经遇到过一个热爱音乐并将其视为生命的一部分的人呢？今天，在这里见到你们，我是那个热爱音乐的人，我是小明。

从小开始，我就对音乐产生了浓厚的兴趣，这也是我今天在这里与大家见面的原因。我想和大家分享一下我的故事，让大家知道即使是出生在平凡家庭的人，只要有热爱和努力，也可以实现自己的梦想。

我的父母都是工人，家庭并不富裕。但是，他们一直支持我追求自己的兴趣和梦想。我很庆幸能够在他们的支持下，顺利地上学，并一直追求自己的音乐梦想。

从小到大，音乐一直是我生活中不可或缺的一部分。我不仅喜欢听音乐，更是对音乐制作和演奏有着浓厚的兴趣。我一直努力学习和探索，通过自学和参加音乐课程不断提升自己的音乐技能。现在，我已经开始在音乐领域发展，并取得了一些成果。今年 5 月，我将在维也纳金色大厅，开启自己的第一场音乐巡演。

虽然我还有很长的路要走，但我相信只要我一直努力坚持，追求自己的音乐梦想，那么一切都可能实现。坚持并不容易，但正是坚持让我们变得更强大。我希望我的故事能够鼓励大家，尤其是那些和我一样喜欢音乐的人，相信自己，坚持不懈地追求自己的梦想。

谢谢大家。

这次尝试再次验证了之前章节中所提到的关键点：如果想让 AI 工具给出满意的答案，详细具体的提示词很重要。

总结一下，AI 工具可以为我们建立丰富的演讲开场库，还可以帮我们改写开场。但需要注意的是，人是最后的把关者。只有明白演讲开场的底层逻辑，即“钩”住听众的注意力，我们才能更好地判断 AI 工具输出的结果是否符合要求，并且做进一步的优化和改进。

3.4.2 3 个逻辑，让演讲言之有物

有了吸睛的开场，接下来就是如何在主体部分展开内容，让你的演讲言之有物了。

主体部分的展开有 3 个底层逻辑，分别是：

（1）持续吸引注意力。

（2）3 点式扩展。

（3）循序渐进。

前文已经提到，演讲不仅是表达、内容输出和影响的过程，而且是持续管理听众的注意力的过程。在主体部分，我们更应该不断设置各种“钩子”，在整个演讲过程中，持续吸引听众的注意力。

演讲主体部分，我建议采用 3 点式扩展。根据认知心理学的相关研究，人类的短时记忆是有限的，通常只有 3～4 个单位。试想一下，如果一篇演讲稿有 10 个论点，你能记得住吗？而 1～2 个论点，往往又显得站不住脚，因此 3 点式扩展，往往是最科学合理的，不多不少。

主体部分应当循序渐进。如果是信息传递型的演讲，内容应逐步深入；如果是激励型的演讲，涉及故事，故事应逐步推进，在每一个

关键节点，设置一个“钩子”，牢牢吸引住听众。

对于演讲的主体部分，AI 工具掌握的资料过于宽泛，如果直接提问让 AI 工具生成内容，答案可能不是我们需要的。下面用 ChatGPT 做一个测试。

你是一名演讲大师，在演讲的主体部分，我们通常有哪些写作和准备技巧呢？

作为一名演讲大师，我非常乐意与你分享演讲主体部分的写作和准备技巧。一个成功的演讲主体应该清晰、有逻辑、吸引人，并能够有效地传达你的观点和信息。以下是一些有用的技巧：

（1）明确主题：确定演讲的主题是至关重要的。主题应该简明扼要，能够准确概括你想要传达的核心信息。

（2）结构化安排：一个良好的演讲主体应该有清晰的结构，包括引言、主体部分和结尾。主体部分通常应该分为几个段落或主要部分，每个部分都涵盖一个特定的主题或观点。

（3）逻辑连贯：确保你的演讲主体部分具有良好的逻辑连贯性。每个主要观点都应该自然地流入下一个观点，使整个演讲内容更易于理解和吸收。

（4）证据和例子：使用合适的证据和例子来支持你的观点。这些可以是事实、数据、引用、故事或个人经验，有助于增强你的演讲的可信度和说服力。

（5）避免信息过载：不要试图在短时间内涵盖过多的信息。集中于几个核心观点，确保演讲内容简洁明了。

（6）情感共鸣：演讲中加入情感元素可以更好地吸引听众。运用情感共鸣的技巧，让听众与你的话题产生共鸣和情感连接。

（7）直接回应听众需求：如果你了解听众的需求和关注点，尽量在演讲主体部分中直接回应他们的问题或需求，使演讲更具吸引力。

（8）重复要点：通过重复关键信息和要点，有助于加深听众对重要信息的记忆和理解。

（9）时间控制：确保你的演讲主体部分在规定的时间内完成。如果时间有限，可以根据重要性对主要内容进行优先排序。

（10）流畅过渡：主体部分中的每个部分应该有流畅的过渡，使整个演讲看起来连贯自然。

（11）练习和反馈：练习是演讲成功的关键。多次练习可以帮助你熟悉演讲内容，增强自信。同时，寻求他人的反馈也是提高演讲效果的好方法。

我们可以看到，ChatGPT 回答的内容相对宽泛。这里，我们可以基于以上底层逻辑，给 ChatGPT 提前“投喂”相关的背景资料，让下一步的回答更加聚焦。

演讲主体部分的展开，有 3 个底层逻辑，分别如下：

（1）持续吸引注意力。

（2）3 点式扩展。

（3）循序渐进。

其中的关键，就是持续吸引听众的注意力，因此我们需要在内容的承接和转折部分埋设“钩子”，从而不断吸引听众，请问你理解了吗？如果理解了请回答：“我理解了”。

我理解了。在演讲主体部分展开时，你希望运用 3 个底层逻辑：持续吸引注意力、3 点式扩展和循序渐进。特别是在内容的承接和转折部分埋设“钩子”，以便不断吸引听众。这样可以确保演讲主体部分的吸引力和连贯性，让演讲更加引人入胜，并让听众始终保持关注。

下一步，我们再让 AI 总结一些演讲主体部分的“钩子”类型，建立“钩子”库。

请按照以上逻辑，帮我总结一些演讲主体部分的“钩子”类型，要求用表格形式输出，包含序号、“钩子”类型、特点及适用场景。

序号	“钩子”类型	特点	适用场景
1	引用名人名言“钩子”	利用名人名言或经典引用吸引听众的兴趣和好奇心	可以在谈论梦想、成功、坚持等主题时使用
2	提问“钩子”	提出引人思考的问题，引发听众的好奇和思考	适用于探讨一些社会问题、个人成长或行业趋势等主题
3	故事叙述“钩子”	通过讲述生动的故事吸引听众，让他们对演讲内容产生情感共鸣	适合在分享个人成长经历、挑战与战胜困难等主题时使用
4	统计数据“钩子”	呈现令人震惊或引人关注的统计数据，引发听众的关注和思考	在谈论社会问题、环保、科技进步等主题时有利于增加演讲的说服力
5	引发情感共鸣“钩子”	通过描述情感真挚的场景或事件引发听众的情感共鸣和共鸣	可以用在探讨人情世故、家庭关系、友情等主题上
6	引用幽默笑话“钩子”	使用幽默或有趣的笑话引发听众的笑声和兴趣，缓解紧张氛围	在演讲开头使用，有助于拉近与听众的距离，让大家更愿意聆听演讲内容

接下来，我们可以让“钩子”库和之前的结构库建立连接。

演讲的主体部分，通常是有一定的逻辑结构和顺序的，如时间顺序、空间顺序等，可以结合这些逻辑结构，帮我补充下以上表格吗？可以增加一列：适用的逻辑结构。

当然，我可以为你补充以上表格，并增加一列来描述适用的逻辑结构。在演讲的主体部分，不同的逻辑结构可以帮助你组织和展示演讲内容，使其更加清晰和易于理解。以下是更新后的表格：

序号	"钩子"类型	特点	适用场景	适用的逻辑结构
1	引用名人名言"钩子"	利用名人名言或经典引用吸引听众的兴趣和好奇心	谈论梦想、成功、坚持等主题	任意逻辑结构
2	提问"钩子"	提出引人思考的问题，引发听众的好奇和思考	探讨社会问题、个人成长或行业趋势等主题	任意逻辑结构
3	故事叙述"钩子"	通过讲述生动的故事吸引听众，让他们对演讲内容产生情感共鸣	分享个人成长经历、挑战与战胜困难等主题	时间顺序、空间顺序等
4	统计数据"钩子"	呈现令人震惊或引人关注的统计数据，引发听众的关注和思考	谈论社会问题、环保、科技进步等主题	任意逻辑结构
5	引发情感共鸣"钩子"	通过描述情感真挚的场景或事件，引发听众的情感共鸣和共鸣	探讨人情世故、家庭关系、友情等主题	任意逻辑结构
6	引用幽默笑话"钩子"	使用幽默或有趣的笑话引发听众的笑声和兴趣，缓解紧张氛围	演讲开头，拉近与听众的距离，让大家更愿意聆听演讲内容	任意逻辑结构

有了"钩子"库，我们再尝试调整之前自我介绍的主体部分，扩展内容并埋入需要的"钩子"。

请把以下自我介绍的内容做一些故事扩展，并在内容中埋设一些故事叙述"钩子"，让听众更能保持专注。自我介绍稿为：

大家好，你们是否遇到过一个热爱音乐并将其视为生命的一部分的人呢？今天，在这里见到你们，我是那个热爱音乐的人，我是小明。

从小开始，我就对音乐产生了浓厚的兴趣，这也是我今天在这里与大家见面的原因。我想和大家分享一下我的故事，让大家知道即使是出生在平凡家庭的人，只要有热爱和努力，也可以实现自己的梦想。

我的父母都是工人，家庭并不富裕。但是，他们一直支持我追求自己的兴趣和梦想。我很庆幸能够在他们的支持下，顺利地上学，并一直追求自己的音乐梦想。

从小到大，音乐一直是我生活中不可或缺的一部分。我不仅喜欢听音乐，更是对音乐制作和演奏有着浓厚的兴趣。我一直努力学习和探索，通过自学和参加音乐课程不断提升自己的音乐技能。现在，我已经开始在音乐领域发展，并取得了一些成果。今年 5 月，我将在维也纳金色大厅，开启自己的第一场音乐巡演。

虽然我还有很长的路要走，但我相信只要我一直努力坚持，追求自己的音乐梦想，那么一切都可能实现。坚持并不容易，但正是坚持让我们变得更强大。我希望我的故事能够鼓励大家，尤其是那些和我一样喜欢音乐的人，相信自己，坚持不懈地追求自己的梦想。

谢谢大家。

大家好，很高兴能在这里与各位见面。我是小明，一个热爱音乐，并将其视为生命的一部分的人。今天，我想和大家分享我的音乐之路，以及在追求梦想过程中的坚持和努力。

故事叙述“钩子”：让我带你们回到我童年的时光，那是一个充满音符和梦想的年代。

从小开始，我就对音乐产生了浓厚的兴趣。我还记得小时候，每当家里有人唱歌或是播放音乐，我总是会被吸引住，陶醉其中。音乐对我来说，不仅仅是一种声音，更是一种灵魂的表达。这种独特的感觉，让我深深热爱上了音乐。

随着年龄的增长，我逐渐明确了自己的音乐梦想，但来自家庭的压力让我感到不安。我的父母都是工人，家庭并不富裕。他们总是希望我能够有一个稳定的职业，过上平凡稳定的生活。然而，我内心深处的声音告诉我，我应该追随内心，追求自己真正热爱的东西。

故事叙述“钩子”：有一天，我在电视上看到一场音乐巡演的现场直播，那个舞台上的音乐家们，激情四溢地演奏着，仿佛把整个世界都点燃了。那一刻，我下定决心，我也要成为那样的音乐家。

我很庆幸能够在父母的支持下，顺利地上学，并一直追求自己的音乐梦想。从小到大，音乐一直是我生活中不可或缺的一部分。我不仅喜欢听音乐，更是对音乐制作和演奏有着浓厚的兴趣。但是，追求音乐并不是一帆风顺的旅程。

故事叙述“钩子”：在我学习音乐的路上，曾经有许多挫折和困难。我记得有一次，我参加了一场音乐比赛，结果却意外失利。那一刻，我陷入了失落和犹豫之中。然而，正是这次失败让我更加坚定了对音乐的热爱。我决定不放弃，继续努力学习和探索音乐的奥秘。

通过自学和参加音乐课程，我不断提升自己的音乐技能。随着努力的付出，我的音乐才华也逐渐得到认可。我还记得那个激动人心的时刻：当我第一次在舞台上演奏时，观众们为我热烈鼓掌。那种成就感和喜悦，让我更加坚信，只要我坚持努力，音乐的舞台一定会为我敞开大门。

故事叙述“钩子”：终于，今年 5 月，我将在维也纳金色大厅，开启自己的第一场音乐巡演。这对我来说是一个重要的里程碑，我迫不及待想与大家分享我的音乐世界。

虽然我知道前方还有很长的路要走，但我相信只要我一直努力坚持，追求自己的音乐梦想，那么一切都可能实现。正如我曾经听过的一句名言：“坚持并不容易，但正是坚持让我们变得更强大。”我希望我的故事能够鼓励大家，尤其是那些和我一样喜欢音乐的人，相信自己，坚持不懈地追求自己的梦想。

谢谢大家。让我们一起坚定信念，迎接未来的挑战，用音乐点亮生活的每一个角落。

AI 工具不仅帮我们扩展了内容，还按照要求埋设了“钩子”。在后期的修改中，我们只需要稍做调整，删除那些不需要的部分，就能得到一篇不错的稿件。

先测试，再“投喂”，是现阶段用好 AI 工具的一个重要技巧。通过测试，了解 AI 工具对于问题的认识程度，如果回答较为宽泛，我们就可以用有针对性的“投喂”，让 AI 工具给出更精确的回答。

3.4.3　3 个公式，打造令人回味悠长的收尾

有了龙头和猪肚，下一步就是豹尾。

按照“终峰定律”，结尾在演讲中同样起着至关重要的作用。演讲中观众体验最深刻的地方，就在高潮部分和结尾部分。

我在辅导学员演讲时，通常会格外重视结尾部分。一个好的结尾，可以让听众产生深刻的印象。有时候，过了一段时间，听众可能只记得住你的结尾。在演讲比赛中，结尾也是评委打分的时候，如果能有一个好的设计，把情绪点拉起来，即使前面有失误，也能赢回一些分数。

结尾有 3 个基本方式：

（1）理性总结。

（2）感性升华。

（3）引发听众思考。

不同的演讲类型，结尾的方式会有区别。通常来说，信息传递型的演讲，比较适合采用理性总结的方式结尾。通常的做法就是重复核心观点，再次强调演讲目标，目的就是强化听众记忆，让大家记住。

激励型和说服型的演讲，比较适合用感性升华的方式结尾。通过内容的递进和情绪的调动，实现意义和情感的升华，目的就是让听众感同身受、产生共鸣。

理性总结和感性升华都属于关闭式的结尾。有时候，结尾也可以采用开放式，留下一个悬念，引导听众进一步思考。这种方式不仅容易让听众产生较深刻的印象，也可以让听众期待随后的内容，对于做系列性的演讲很有益处。

我们来看一看，ChatGPT 对于演讲结尾作用的回答：

你是一名演讲大师，请告诉我演讲结尾最重要的作用和目标是什么？给出三点即可。

作为一名演讲大师，演讲结尾的最重要作用和目标如下：

（1）留下深刻印象：演讲结尾是观众听到的最后一部分，因此它应该精心设计，以留下深刻的印象。一个强大而令人难忘的结尾可以增强演讲的整体效果，并让观众对演讲内容产生更深层次的记忆。

（2）强调主题：结尾是回顾演讲主题和核心信息的绝佳时机。通过简洁地总结主要观点和重要信息，演讲者可以再次强调演讲的中心思想，确保观众理解并记住演讲的重点。

（3）唤起情感共鸣：优秀的演讲结尾有能力唤起观众的情感共鸣。通过巧妙地运用故事、引用、情感感人的陈述，演讲者可以在结尾处打动听众的心灵，使他们对演讲内容产生更深的情感连接。

总之，演讲结尾的关键目标是强化演讲的主题和信息，使观众留下深刻印象，并在情感上与演讲内容产生共鸣。一个精心设计的结尾能够为整个演讲增色不少，使得演讲者的目标得以更好地传达给观众。

ChatGPT 的回答看起来和我们之前的分析有异曲同工之妙，继续提问它，让它生成一个演讲结尾的数据库。

请帮我罗列一些常见的演讲结尾的方法，要求用表格的形式输出。表格应包含序号，演讲结尾的方法、方法的特点和适用类型。

下面是一些常见的演讲结尾方法，按照表格形式罗列：

序号	演讲结尾的方法	方法的特点	适用类型
1	总结回顾	简洁地总结主要观点和信息	信息量较大的演讲，强调重点和核心思想
2	提出呼吁或行动号召	鼓励听众采取具体行动或改变观点	激励听众行动，促进变革和积极影响
3	引用名言或格言	借用名人名言或格言，增强演讲的说服力	引起共鸣，通过名言传递深刻思想和智慧
4	提出问题	引发观众思考，激发互动和讨论	引发思考，增加听众参与度和兴趣
5	故事叙述	通过生动有趣的故事传递演讲的主题和观点	加强情感共鸣，生动形象地展现演讲主题
6	展望未来	描述未来的愿景或趋势，鼓舞听众信心	启发未来思考，激发积极行动和追求
7	表达感谢和致意	表达对听众的感谢，增加亲近感和情感联系	礼貌感谢，增强演讲者与听众之间的情感联结
8	引发反思	提出让听众深入思考和反省的问题	引发深层思考，促进观众对自我和世界的思考

这些演讲结尾方法可以根据不同演讲的主题和目标来选择使用。结合演讲的内容和受众，选用适合的结尾方法可以有效地强化演讲的效果，并让听众留下深刻的印象。

上一节中经过扩充的自我介绍稿，结尾稍显不够出彩，结合以上数据库，下面利用 ChatGPT，对结尾做一些优化：

这里有一篇演讲稿，请帮我把结尾改写为引用名言或格言的形式，只用修改整篇演讲稿的最后一句即可，演讲稿为：大家好，很高兴能在这里与各位见面。我是小明，一个热爱音乐，并将其视为生命的一部分的人。今天，我想和大家分享我的音乐之路，以及在追求梦想过程中的坚持和努力。

故事叙述“钩子”：让我带你们回到我童年的时光，那是一个充满音符和梦想的年代。

从小开始，我就对音乐产生了浓厚的兴趣。我还记得小时候，每当家里有人唱歌或是播放音乐，我总是会被吸引住，陶醉其中。音乐对我来说，不仅仅是一种声音，更是一种灵魂的表达。这种独特的感觉，让我深深热爱上了音乐。

随着年龄的增长，我逐渐明确了自己的音乐梦想，但来自家庭的压力让我感到不安。我的父母都是工人，家庭并不富裕。他们总是希望我能够有一个稳定的职业，过上平凡稳定的生活。然而，我内心深处的声音告诉我，我应该追随内心，追求自己真正热爱的东西。故事叙述钩子：有一天，我在电视上看到一场音乐巡演的现场直播，那个舞台上的音乐家们，激情四溢地演奏着，仿佛把整个世界都点燃了。那一刻，我下定决心，我也要成为那样的音乐家。

我很庆幸能够在父母的支持下，顺利地上学，并一直追求自己的音乐梦想。从小到大，音乐一直是我生活中不可或缺的一部分。我不仅喜欢听音乐，更是对音乐制作和演奏有着浓厚的兴趣。但是，追求音乐并不是一帆风顺的旅程。

故事叙述“钩子”：在我学习音乐的路上，曾经有许多挫折和困难。我记得有一次，我参加了一场音乐比赛，结果却意外失利。那一刻，我陷入了失落和犹豫之中。然而，正是这次失败让我更加坚定了对音乐的热爱。我决定不放弃，继续努力学习和探索音乐的奥秘。

通过自学和参加音乐课程，我不断提升自己的音乐技能。随着努力的付出，我的音乐才华也逐渐得到认可。我还记得那个激动人心的时刻：当我第一次在舞台上演奏时，观众们为我热烈鼓掌。那种成就感和喜悦，让我更加坚信，只要我坚持努力，音乐的舞台一定会为我敞开大门。

故事叙述“钩子”：终于，今年 5 月，我将在维也纳金色大厅，开启自己的第一场音乐巡演。这对我来说是一个重要的里程碑，我迫不及待想与大家分享我的音乐世界。

虽然我知道前方还有很长的路要走，但我相信只要我一直努力坚持，追求自己的音乐梦想，那么一切都可能实现。正如我曾经听过的一句名言：“坚持并不容易，但正是坚持让我们变得更强大。”我希望我的故事能够鼓励大家，尤其是那些和我一样喜欢音乐的人，相信自己，坚持不懈地追求自己的梦想。

谢谢大家。让我们一起坚定信念，迎接未来的挑战，用音乐点亮生活的每一个角落。

谢谢大家。让我们一起坚定信念，迎接未来的挑战，用音乐点亮生活的每一个角落。正如巴勒斯曾经说过：“坚持并不容易，但正是坚持让我们变得更强大。”我希望我的故事能够鼓励大家，尤其是那些和我一样喜欢音乐的人，相信自己，坚持不懈地追求自己的梦想。

这一步，ChatGPT 虽然按照引用名言或格言的形式，帮助我们改写了结尾，但使用了之前段落中出现过的一句名言，而在同一篇演讲稿中反复引用同一句名言，明显是不合适的。因此，我们继续补充提示词：

这句金句在前面出现过，请修改成另外一句。

谢谢大家。让我们一起坚定信念，迎接未来的挑战，用音乐点燃生命的激情。正如贝多芬曾经说过：“只要我们热爱生命，生活就会成为一首美妙的乐章。”我希望我的故事能够鼓励大家，尤其是那些和我一样喜欢音乐的人，相信自己，坚持不懈地追求自己的梦想。

现阶段在使用 AI 工具时，需要注意，有时候它会“偷懒”，出现类似在同一篇演讲稿中使用了相同的名言的状况。因此，有时我们需要再次提醒，让 AI 工具输出更符合要求的答案。

还需要注意的是，面对事实性问题，在使用 AI 时，我们一定要多个心眼，因为有时候它会一本正经地“胡说八道”，编造一些信息。例如，正如贝多芬曾经说过：“只要我们热爱生命，生活就会成为一首美妙的乐章。”这句金句感觉还挺好的，但并不能确定就是贝多芬说的。于是，我搜索了一些资料，发现这句话确实不知道是谁说的，经过查证，应该是 AI 工具编写的。

于是，我们在修改时，可以把“正如贝多芬曾经说过”几个字删除，直接使用这句金句即可。

在这一节中，我们分析了演讲开头、主体和结尾的作用，以及如何用 AI 工具生成数据库，进一步充实稿件。只要科学合理、循序渐进地用好提示词，AI 工具就能变成我们称心的助手，帮助我们快速生成演讲稿件。可能以前绞尽脑汁，花一个星期都写不出来的稿子，现在半个小时就能轻松完成了。

3.5 表现：巧用肢体语言和声音，讲好更要演好

演讲，不仅要会讲，还要会演，演绎是演讲的重要部分。

美国著名心理学家阿尔伯特·梅拉比安（Albert Mehrabian）曾提出过一个著名的理论，称为“7%、38% 和 55% 理论”。他认为，在人际沟通中，语言所产生的影响仅占 7%，声音和语调产生的影响占 38%，肢体语言（包含姿势、表情、手势和眼神等）的影响最大，占 55%。

这个研究的科学性虽然受到了一定的质疑，特别是对于如何得出如此精确的数据，很多人心存疑虑，但不可否认，很多心理学和沟通学的研究表明，在人际交往和沟通过程中，非语言信号，特别是身体语言确实起到了很大的作用。

好的演讲不仅需要好的稿件，更需要巧用声音和肢体语言，讲好更要演好。

3.5.1 活用肢体语言，让演讲充满画面感

作为一名专业的演讲教练，我辅导过很多学员。在这个过程中，我发现，即使同样一篇演讲稿，交给不同的人，演讲效果也会千差万别。

甚至是同一个演讲者，在不同的地方、不同状态下，演讲效果都会差别很大。2001 年，Toastmasters 世界英语演讲比赛冠军 Darren LaCroix 的演讲视频有两个不同版本，其中一个是在比赛中，面对上千人，他的表现非常好，这也帮助他毫无争议地拿下了当年的世界冠

军。但另外一个视频，同样的演讲稿，面对几十个人，他当时的状态不好，整个演讲效果相对较差。

如果仔细对比两个视频，你就会发现，演讲效果不同的最大原因在于肢体语言。

演讲的肢体语言主要包含**站姿、眼神、移动、面部表情**和**手势**。

站姿：我国古代就有“站如松”的说法，是指保持自信的站姿，挺胸抬头，双脚站稳。这样的姿态会让听众感受到你的自信和专业性。

眼神：与听众建立眼神联系，表现出亲和力。眼神接触能让听众觉得你是在与他们直接交流，而不是在背诵稿件。

移动：在有些演讲场合，演讲者是可以适当移动的，我们可以根据演讲内容，设计不同的舞台移动。这有助于演讲者吸引听众的注意力，使演讲更生动。

面部表情：展现适度的面部表情，可以增加演讲者的亲和力和感情表达。如果演讲内容有趣或感人，面部表情能帮助传递情感。

手势：演讲者可以适度运用手势来强调观点和增强表达效果。但一般演讲手势是需要专门设计的，不要太夸张，手势应该与语言相协调，使听众更易理解你的讲话。

在演讲辅导中，我一般会根据演讲稿的内容，以及演讲者的讲台风格，综合设计演讲者的肢体语言。这部分依赖于教练的专业能力和经验。那么 AI 工具可以帮到我们吗？

在设计提示词的时候，还是要注意具体、精准、循序渐进，让 AI 工具逐步理解我们的意图。首先，我新建一个对话框，取名“肢体语言”，还是给 ChatGPT 设定演讲大师的角色，让他梳理演讲肢体语言的类型，具体要求和上文罗列的类似，这里就不再赘述了。

其次，我们让 AI 工具整理一些演讲中手势语言的类型。下面是 ChatGPT 给出的答案。

请帮我列出演讲中常用的手势语言类型，请用表格的形式输出，包含序号、手势语言类型、特点及适用情况。

以下是演讲中常用的手势语言类型的表格，其中包含序号、手势语言类型、特点以及适用情况：

序号	手势语言类型	特点	适用情况
1	指向手势	使用手指或手掌指向特定方向或对象，用于强调观点或引导听众注意	指出主要观点、提示重要内容、引导听众关注
2	手势加强	用手势增强语言表达，如用双手比画大小、形状等，增加形象感和记忆力	解释概念、说明大小关系、形象比喻
3	挥动手势	快速挥动手臂或手指，用于表示强烈情感、重要事件、警告或批评等	表达激情、强调警示、吸引注意力
4	掌心朝上或朝下手势	掌心朝上表示友好、开放、接受；掌心朝下表示决心、命令或强调要求	强调态度、表达意图、指示方向、增强说服力
5	手掌并拢或分开手势	手掌并拢表示整合、汇聚、总结；手掌分开表示分离、划分、扩展	总结内容、区分类别、比较差异、阐述不同方面
6	握拳手势	闭合手指成拳，表示坚定、决心、力量	强调决心、展示自信、鼓舞士气
7	手指敲击手势	使用手指敲击桌面或其他物体，用于强调每个要点或步骤时	强调逐点说明、分阶段展示、提醒听众重要性
8	手掌抬起或放下手势	手掌抬起表示给予、支持、赞扬；手掌放下表示拒绝、否定、停止	表达赞赏、支持意见、拒绝建议、暂停行动

ChatGPT 列出了一些手势语言的类型，但它是一个文本 AI 模型，现阶段还无法提供对应的图片，我们可以通过搜索引擎或图库找到相关手势的图片，从而形成我们的手势语言库。

在演讲辅导过程中，我时常采用一种方法，叫作“标记法”，就是在演讲稿的不同位置标记出对应的肢体语言，方便演讲学员在训练时参考。我们还是拿之前那篇扩展的自我介绍稿为例，看看 ChatGPT 是否能标注出手势语言。

这里有一篇演讲稿，请根据演讲稿的内容，在稿件中标注出对应的手势语言，要求手势语言的设计必须服务于演讲稿的内容。演讲稿为：大家好，很高兴能在这里与各位见面。我是小明，一个热爱音乐，并将其视为生命的一部分的人。今天，我想和大家分享我的音乐之路，以及在追求梦想过程中的坚持和努力。

让我带你们回到我童年的时光，那是一个充满音符和梦想的年代。

从小开始，我就对音乐产生了浓厚的兴趣。我还记得小时候，每当家里有人唱歌或是播放音乐，我总是会被吸引住，陶醉其中。音乐对我来说，不仅仅是一种声音，更是一种灵魂的表达。这种独特的感觉，让我深深热爱上了音乐。

随着年龄的增长，我逐渐明确了自己的音乐梦想，但来自家庭的压力让我感到不安。我的父母都是工人，家庭并不富裕。他们总是希望我能够有一个稳定的职业，过上平凡稳定的生活。然而，我内心深处的声音告诉我，我应该追随内心，追求自己真正热爱的东西。

有一天，我在电视上看到一场音乐巡演的现场直播，那个舞台上的音乐家们，激情四溢地演奏着，仿佛把整个世界都点燃了。那一刻，我下定决心，我也要成为那样的音乐家。

我很庆幸能够在父母的支持下，顺利地上学，并一直追求自己的音乐梦想。从小到大，音乐一直是我生活中不可或缺的一部分。我不仅喜欢听音乐，更是对音乐制作和演奏有着浓厚的兴趣。但是，追求音乐并不是一帆风顺的旅程。

在我学习音乐的路上，曾经有许多挫折和困难。我记得有一次，我参加了一场音乐比赛，结果却意外失利。那一刻，我陷入了失落和犹豫之中。然而，正是这次失败让我更加坚定了对音乐的热爱。我决定不放弃，继续努力学习和探索音乐的奥秘。

通过自学和参加音乐课程，我不断提升自己的音乐技能。随着努力的付出，我的音乐才华也逐渐得到认可。我还记得那个激动人心的时刻：当我第一次在舞台上演奏时，观众们为我热烈鼓掌。那种成就感和喜悦，让我更加坚信，只要我坚持努力，音乐的舞台一定会为我敞开大门。

终于，今年 5 月，我将在维也纳金色大厅，开启自己的第一场音乐巡演。这对我来说是一个重要的里程碑，我迫不及待想与大家分享我的音乐世界。

虽然我知道前方还有很长的路要走，但我相信只要我一直努力坚持，追求自己的音乐梦想，那么一切都可能实现。正如我曾经听过的一句名言："坚持并不容易，但正是坚持让我们变得更强大。"我希望我的故事能够鼓励大家，尤其是那些和我一样喜欢音乐的人，相信自己，坚持不懈地追求自己的梦想。

谢谢大家。让我们一起坚定信念，迎接未来的挑战，用音乐点亮生活的每一个角落。

在这篇演讲稿中，我为你标注了一些适合的手势语言，以服务于演讲稿的内容：

大家好，很高兴能在这里与各位见面［手掌握手，微微点头，展示友好］。

我是小明，一个热爱音乐，并将其视为生命的一部分的人［手掌指向自己的心脏，展示热爱音乐的决心］。

今天，我想和大家分享我的音乐之路，以及在追求梦想过程中的坚持和努力［手势加强，双手画出一条曲线，表示音乐之路的旅程］。

让我带你们回到我童年的时光，那是一个充满音符和梦想的年代［手指敲击手势，表示引导听众回忆］。

从小开始，我就对音乐产生了浓厚的兴趣［手势加强，用手掌比画出浓厚的兴趣］。

音乐对我来说，不仅仅是一种声音，更是一种灵魂的表达［手指指向自己的心灵，表示音乐是灵魂的表达］。

随着年龄的增长，我逐渐明确了自己的音乐梦想，但来自家庭的压力让我感到不安［手势加强，双手比画出明确的梦想，并用手掌指向自己的脑袋，表示思考和压力］。

我决定不放弃，继续努力学习和探索音乐的奥秘［握拳手势，表示决心和努力］。

通过自学和参加音乐课程，我不断提升自己的音乐技能［手势加强，双手比画出不断提升的过程］。

随着努力的付出，我的音乐才华也逐渐得到认可［手势加强，双手比画出音乐才华的逐渐成长]。

那种成就感和喜悦，让我更加坚信，只要我坚持努力，音乐的舞台一定会为我敞开大门[手势加强，双手比画出音乐舞台敞开的样子]。

终于，今年 5 月，我将在维也纳金色大厅，开启自己的第一场音乐巡演[手势数字，用手指展示“5”月，用双手比画出维也纳金色大厅的样子]。

我希望我的故事能够鼓励大家，尤其是那些和我一样喜欢音乐的人，一定要相信自己，坚持不懈地追求自己的梦想[手势加强，双手指向观众，表示鼓励和坚信]。

谢谢大家。让我们一起坚定信念，迎接未来的挑战，用音乐点亮生活的每一个角落[手掌朝上手势，表示开放和接受，双手向前展示未来的挑战，然后双手比画出点亮生活的样子]。

我们可以看出，AI 给出了详细的标注。虽然标注还达不到顶级演讲教练的专业水平，但是很有参考意义，应对一般的比赛，已经绰绰有余了。

同样地，我们可以让 AI 生成站姿库、眼神交流库、移动库等。通过这套建模手段，以后遇到需要准备演讲的场合，AI 就可以扮演我们的演讲教练，给出一定的指导。当然，如果需要更专业的指导，还是要咨询专业演讲教练。

3.5.2 演讲太干巴巴？因为没用对声音

如果说肢体语言传递的是视觉信号，那么声音传递的就是听觉信号，只有更加“立体”的表现，才能呈现更好的演讲表达效果。

这里澄清一个误区，一提到声音，很多人就会想到音质，可能会问：“我的声音不好听，是不是就学不好演讲啊？”答案自然是否定的。每个人的音质天生不同，有些人可能会更有天分，声音相对更好听，但这绝不是演讲中声音的决定因素。

演讲中声音的决定因素主要包含以下几个：**高低**、**快慢**、**节奏**、**调性**以及**语气**。

高低主要是指音量，是声音的强弱程度。你要确保演讲时的音量足够大，让所有听众都能听清楚你的讲话。不过，也要注意避免太大声或太小声，保持稳定的音量，使听众在整个演讲过程中都可以舒适地听到你的讲话。

快慢主要是指语速，就是你讲话的快慢程度。你要控制好语速，不要过快或过慢。过快可能让听众跟不上你的思路，过慢可能让听众感到无聊或厌烦。适当的语速有助于让听众理解你的演讲内容。

节奏是指语言表达有规律的重复和变化。合理的节奏可以使演讲更具有吸引力和说服力。通过在特定地方使用停顿和强调，你可以让演讲更具节奏感，使听众更容易跟随你的思路。

调性是指音调，就是声音的高低频率。在演讲中，适当的音调变化可以增强表达力和吸引力。通过变化音调，你可以突出重要观点，吸引听众的注意力，以及传递情感。

语气是指你讲话的情感色彩和态度。在演讲中，要根据内容的性质运用不同的语气，可以是兴奋、温暖、严肃、幽默等各种语气，以增强听众的共鸣和情感投入。

在演讲辅导过程中，声音部分的指导至关重要，我通常会让学员模拟现实场景，一句句反复练习，调整各项声音要素。下面用 ChatGPT 建立一套声音要素库。

请帮我列出演讲中常用的声音节奏类型，用表格的形式输出，包含序号、声音节奏类型、特点及适用情况。

好的，以下是演讲中常用的声音节奏类型，以表格形式输出：

序号	声音节奏类型	特点	适用情况
1	滑行式节奏（Glide）	声调在一定范围内上升或下降，类似于音乐中的滑音，增加了韵律感和吸引力	强调表达感情或强调特定词语，使演讲生动有趣
2	波浪式节奏（Wave）	音调上升和下降交替出现，呈波浪形状，增加了表现力和引人入胜的感觉	适用于叙事性演讲，增强情节的起伏和吸引听众的注意力
3	跳跃式节奏（Skip）	在讲话中快速跳跃地改变音调高低，像是音乐中的跳音，使听众产生轻松活泼的感觉	用于幽默或诙谐的演讲，增加笑点和活跃气氛
4	延长式节奏（Hold）	在某些词语或短语上延长音调，使其更加突出，让听众更易记忆和理解	强调关键观点或重要信息，增强演讲的说服力和记忆性
5	快速式节奏（Fast）	演讲语速较快，适用于概述性内容或引入新话题，让听众对整体有个初步了解	用于简短的介绍、总结或快速回顾，让听众快速获取信息
6	缓慢式节奏（Slow）	演讲语速较慢，用于阐述重要观点或探讨复杂内容，让听众更深入地理解和思考	适用于深度解析、情感表达或重要观点的阐述，帮助听众理解演讲的核心内容
7	递增式节奏（Crescendo）	声音逐渐增强，音调越来越高，增加紧张感和高潮效果，引导听众进入关键部分	在叙事性演讲中，用于引导听众进入故事的高潮或关键情节
8	递减式节奏（Decrescendo）	声音逐渐减弱，音调越来越低，营造冷静、深沉的氛围，让听众思考和反思	在情感表达或严肃话题演讲中，用于营造深情吸引听众关注或思考问题

形成声音要素库后，我们可以把稿件“投喂”给 ChatGPT，让它为我们做相应标注。

这里有一篇演讲稿，请根据演讲稿的内容，在稿件中标注出对应的声音节奏，要求声音节奏的设计必须服务于演讲稿的内容。演讲稿为：大家好，很高兴能在这里与各位见面。我是小明，一个热爱音乐，并将其视为生命的一部分的人。今天，我想和大家分享我的音乐之路，以及在追求梦想过程中的坚持和努力。

让我带你们回到我童年的时光，那是一个充满音符和梦想的年代。

从小开始，我就对音乐产生了浓厚的兴趣。我还记得小时候，每当家里有人唱歌或是播放音乐，我总是会被吸引住，陶醉其中。音乐对我来说，不仅仅是一种声音，更是一种灵魂的表达。这种独特的感觉，让我深深热爱上了音乐。

随着年龄的增长，我逐渐明确了自己的音乐梦想，但来自家庭的压力让我感到不安。我的父母都是工人，家庭并不富裕。他们总是希望我能够有一个稳定的职业，过上平凡稳定的生活。然而，我内心深处的声音告诉我，我应该追随内心，追求自己真正热爱的东西。

有一天，我在电视上看到一场音乐巡演的现场直播，那个舞台上的音乐家们，激情四溢地演奏着，仿佛把整个世界都点燃了。那一刻，我下定决心，我也要成为那样的音乐家。我很庆幸能够在父母的支持下，顺利地上学，并一直追求自己的音乐梦想。从小到大，音乐一直是我生活中不可或缺的一部分。我不仅喜欢听音乐，更是对音乐制作和演奏有着浓厚的兴趣。但是，追求音乐并不是一帆风顺的旅程。

在我学习音乐的路上，曾经有许多挫折和困难。我记得有一次，我参加了一场音乐比赛，结果却意外失利。那一刻，我陷入了失落和犹豫之中。然而，正是这次失败让我更加坚定了对音乐的热爱。我决定不放弃，继续努力学习和探索音乐的奥秘。

通过自学和参加音乐课程，我不断提升自己的音乐技能。随着努力的付出，我的音乐才华也逐渐得到认可。我还记得那个激动人心的时刻：当我第一次在舞台上演奏时，观众们为我热烈鼓掌。那种成就感和喜悦，让我更加坚信，只要我坚持努力，音乐的舞台一定会为我敞开大门。

终于，今年 5 月，我将在维也纳金色大厅，开启自己的第一场音乐巡演。这对我来说是一个重要的里程碑，我迫不及待想与大家分享我的音乐世界。

虽然我知道前方还有很长的路要走，但我相信只要我一直努力坚持，追求自己的音乐梦想，那么一切都可能实现。正如我曾经听过的一句名言："坚持并不容易，但正是坚持让我们变得更强大。"我希望我的故事能够鼓励大家，尤其是那些和我一样喜欢音乐的人，相信自己，坚持不懈地追求自己的梦想。

谢谢大家。让我们一起坚定信念，迎接未来的挑战，用音乐点亮生活的每一个角落。

以下是 ChatGPT 对演讲稿中声音节奏的设计标注：

大家好（慢慢加强音量，欢迎和亲切感）！

很高兴能在这里与各位见面（适度起伏，表现兴奋和感激）。

我是小明，一个热爱音乐，并将其视为生命的一部分的人（均衡稳定的语速，强调自我介绍）。

今天，我想和大家分享我的音乐之路，以及在追求梦想过程中的坚持和努力（缓慢式节奏，营造庄重和认真的氛围）。

让我带你们回到我童年的时光，那是一个充满音符和梦想的年代（递增式节奏，增加叙述的起伏感）。

从小开始，我就对音乐产生了浓厚的兴趣。我还记得小时候，每当家里有人唱歌或是播放音乐，我总是会被吸引住，陶醉其中（波浪式节奏，增强描述的生动感）。

音乐对我来说，不仅仅是一种声音，更是一种灵魂的表达。这种独特的感觉，让我深深热爱上了音乐（滑行式节奏，强调对音乐的感情表达）。

随着年龄的增长，我逐渐明确了自己的音乐梦想，但来自家庭的压力让我感到不安。我的父母都是工人，家庭并不富裕。他们总是希望我能够有一个稳定的职业，过上平凡稳定的生活。然而，我内心深处的声音告诉我，我应该追随内心，追求自己真正热爱的东西（缓慢式节奏，突出内心的挣扎和决心）。

有一天，我在电视上看到一场音乐巡演的现场直播，那个舞台上的音乐家们，激情四溢地演奏着，仿佛把整个世界都点燃了。那一刻，我下定决心，我也要成为那样的音乐家（递增式节奏，强调决定追求音乐梦想的重要时刻）。

我很庆幸能够在父母的支持下，顺利地上学，并一直追求自己的音乐梦想。从小到大，音乐一直是我生活中不可或缺的一部分。我不仅喜欢听音乐，更是对音乐制作和演奏有着浓厚的兴趣。但是，追求音乐并不是一帆风顺的旅程（均衡式节奏，表现坚定的决心）。

在我学习音乐的路上，曾经有许多挫折和困难。我记得有一次，我参加了一场音乐比赛，结果却意外失利。那一刻，我陷入了失落和犹豫之中。然而，正是这次失败让我更加坚定了对音乐的热爱。我决定不放弃，继续努力学习和探索音乐的奥秘（起伏式节奏，表现情感的波动）。

通过自学和参加音乐课程，我不断提升自己的音乐技能。随着努力的付出，我的音乐才华也逐渐得到认可。我还记得那个激动人心的时刻：当我第一次在舞台上演奏时，观众们为我热烈鼓掌。那种成就感和喜悦，让我更加坚信，只要我坚持努力，音乐的舞台一定会为我敞开大门（波浪式节奏，表现成就感和喜悦）。

终于，今年 5 月，我将在维也纳金色大厅，开启自己的第一场音乐巡演。这对我来说是一个重要的里程碑，我迫不及待想与大家分享我的音乐世界（递增式节奏，突显里程碑的重要性）。

虽然我知道前方还有很长的路要走，但我相信只要我一直努力坚持，追求自己的音乐梦想，那么一切都可能实现。正如我曾经听过的一句名言："坚持并不容易，但正是坚持让我们变得更强大。"我希望我的故事能够鼓励大家，尤其是那些和我一样喜欢音乐的人，相信自己，坚持不懈地追求自己的梦想（快速式节奏，表现激励和鼓舞的决心）。

谢谢大家（慢慢加强音量，表现感激和结束语）。

让我们一起坚定信念，迎接未来的挑战，用音乐点亮生活的每一个角落（均衡式节奏，强调鼓励和呼吁）。

ChatGPT 的标注，可以帮助我们更好地准备演讲，训练语音语调。当然，现阶段的 ChatGPT 还不具有专业教练的职业判断能力，更不能真正倾听学员和指导声音训练。不过它确实可以成为一名好的助理，帮助我们更好地扩展相关知识，并且得到初步的建议和指导。

3.5.3 演讲没有特色？有时候需要的只是一个道具

除了肢体语言、声音等自身的因素，我们还可以借助一些外力，进一步提升演讲效果。在这里，我给大家分享一个方法：道具法。

2014 年的世界演讲冠军 Dananjaya Hettiarachchi，就是使用道具的高手。他的演讲《我看到》(I see something)，通过自己的 3 个故事，讲述了自己的人生如何从陷入低谷，到一步步找回自信和目标，重回巅峰的过程。在演讲中，他使用了玫瑰花和垃圾桶作为道具。开场，他把玫瑰花撕碎，告诉我们，有时候人生会遇到很多挫折，就像这朵玫瑰花一样，挫折把我们撕碎，扔进垃圾桶。但演讲的最后，他又魔术般地从垃圾桶里拿出了一朵崭新的玫瑰，说道：“我们人生中总有一些贵人，能帮助我们一点点找回自己，感谢每一个他们。”这个精妙的道具设计，也帮助他拿下了当年的世界演讲冠军。

我曾经帮助很多学员拿到了演讲冠军，道具设计往往会起到出乎意料的作用。如果说演讲稿是底色，演绎是上色，那道具就是点睛之笔。我辅导的演讲小学员 Kenny，曾获得 8 个省级英语演讲比赛冠军。她其中的一篇冠军演讲稿，就是我模仿 2014 年世界演讲冠军所做的，主题相近，但是道具改为一个凳子。最后一个片段，我设计了一个让 Kenny 站上凳子的动作，表达站在巨人肩膀上的寓意，也取得了良好的现场效果。

道具要用得好，要有经验和创意。很多时候，绞尽脑汁，都不一定能想到一个巧妙的创意，但现在有了 AI 工具，可以让 AI 工具设计道具。

下面用 ChatGPT 先新建一个对话框，给它赋予角色，了解它对于相关知识的掌握程度。

你是一名演讲大师，请问演讲中道具的使用有什么技巧吗？

作为一名演讲大师，我可以给你关于道具使用的一些技巧。道具可以有效地增强演讲的视觉效果，提升听众的参与和理解。以下是一些在演讲中使用道具的技巧：

（1）目标明确：在选择道具时，确保它们与你的演讲主题和内容密切相关，能够突出重点或支持你的论点。避免随意使用道具，以免分散注意力或引起混乱。

（2）简洁明了：道具的作用应该是为了帮助解释或说明，而不是增加复杂性。选择简单明了的道具，能够直观地传达信息，不要让道具本身变成演讲的焦点。

（3）视觉辅助：道具在演讲中的作用是增强视觉效果。例如，通过图表、模型、图片或实物来展示概念、数据或产品，可以使演讲更加生动、有趣，也更易于理解。

（4）适量使用：过多的道具可能会分散听众的注意力，造成信息过载。选择 1 到 3 个关键的道具即可，确保它们能够充分发挥作用，而不至于让演讲显得混乱。

（5）准备充分：熟练地掌握道具的使用是必要的。在演讲前多次练习，确保你能够自如地操作道具，而不至于出现意外或尴尬的情况。

（6）引入巧妙：在介绍道具时，使用巧妙的引导语或过渡，让听众知道你即将展示的是什么，并引发他们的好奇心。

（7）与观众互动：道具可以用来与观众进行互动，吸引他们的参与和注意力。你可以请观众来帮忙操作道具或回答与道具相关的问题，增加演讲的互动性。

（8）道具展示技巧：展示道具时，要保持良好的姿态和语调，让观众能够集中注意力。确保道具清晰可见，视线不要被遮挡。

（9）讲解详细：在使用道具时，要对其进行充分的解释和讲解，解释它们的含义、作用和重要性。不要让道具变成一个无解的谜题，观众需要知道你想要传达的信息。

（10）有效收尾：在道具使用完毕后，要进行有效的总结和收尾。强调道具展示的关键信息，并将其与演讲主题紧密联系起来，让观众留下深刻的印象。

其次，需要让 ChatGPT 梳理一些方法，整理出一个道具库。

请帮我总结一些演讲中道具的使用方法，请用表格形式输出，包含序号、道具类型、特点及适用范围。

好的，我可以为你总结演讲中道具的使用方法，并以表格形式输出。以下是相关信息：

序号	道具类型	特点	适用范围
1	图表 / 图像	生动直观，能清晰地展示数据和趋势	用于解释统计数据、研究结果、市场趋势等
2	模型	有形物体，能够展示三维结构和细节	用于解释产品原理、建筑设计、解剖学等
3	实物	真实存在的物品，让观众近距离接触，增强感官体验	用于展示产品样品、工艺品、文物等
4	PPT 幻灯片	多媒体展示，包含文字、图像、视频等多种元素	适用于各类演讲，可以用于介绍公司、产品、项目等
5	白板 / 黑板	实时书写，与观众互动，能够突出重点	用于演示数学问题、思维导图、教学等
6	视频 / 音频	生动形象，通过视听感染和引导观众情感	用于播放案例分析、历史事件、实地采访等
7	符号化道具	使用象征性的道具来代表抽象概念或思想	用于寓意表达、象征性演讲，如演讲“树”的象征意义
8	时间线 / 地图	显示事件发展顺序或地理空间，帮助观众更好理解历史或地理背景	适用于历史演讲、旅游分享、项目规划等

然后，我们把演讲稿“投喂”给 ChatGPT，让它设计道具。

这里有一篇演讲稿，请根据演讲稿的内容，在稿件中设计一个模型道具的使用，要求道具的设计必须服务于演讲稿的内容，能起到画龙点睛的作用。演讲稿为：大家好，很高兴能在这里与各位见面。我是小明，一个热爱音乐，并将其视为生命的一部分的人。今天，我想和大家分享我的音乐之路，以及在追求梦想过程中的坚持和努力。

让我带你们回到我童年的时光，那是一个充满音符和梦想的年代。

从小开始，我就对音乐产生了浓厚的兴趣。我还记得小时候，每当家里有人唱歌或是播放音乐，我总是会被吸引住，陶醉其中。音乐对我来说，不仅仅是一种声音，更是一种灵魂的表达。这种独特的感觉，让我深深热爱上了音乐。

随着年龄的增长，我逐渐明确了自己的音乐梦想，但来自家庭的压力让我感到不安。我的父母都是工人，家庭并不富裕。他们总是希望我能够有一个稳定的职业，过上平凡稳定的生活。然而，我内心深处的声音告诉我，我应该追随内心，追求自己真正热爱的东西。

有一天，我在电视上看到一场音乐巡演的现场直播，那个舞台上的音乐家们，激情四溢地演奏着，仿佛把整个世界都点燃了。那一刻，我下定决心，我也要成为那样的音乐家。

我很庆幸能够在父母的支持下，顺利地上学，并一直追求自己的音乐梦想。从小到大，音乐一直是我生活中不可或缺的一部分。我不仅喜欢听音乐，更是对音乐制作和演奏有着浓厚的兴趣。但是，追求音乐并不是一帆风顺的旅程。

在我学习音乐的路上，曾经有许多挫折和困难。我记得有一次，我参加了一场音乐比赛，结果却意外失利。那一刻，我陷入了失落和犹豫之中。然而，正是这次失败让我更加坚定了对音乐的热爱。我决定不放弃，继续努力学习和探索音乐的奥秘。

通过自学和参加音乐课程，我不断提升自己的音乐技能。随着努力的付出，我的音乐才华也逐渐得到认可。我还记得那个激动人心的时刻：当我第一次在舞台上演奏时，观众们为我热烈鼓掌。那种成就感和喜悦，让我更加坚信，只要我坚持努力，音乐的舞台一定会为我敞开大门。

终于，今年 5 月，我将在维也纳金色大厅，开启自己的第一场音乐巡演。这对我来说是一个重要的里程碑，我迫不及待想与大家分享我的音乐世界。

虽然我知道前方还有很长的路要走，但我相信只要我一直努力坚持，追求自己的音乐梦想，那么一切都可能实现。正如我曾经听过的一句名言："坚持并不容易，但正是坚持让我们变得更强大。"我希望我的故事能够鼓励大家，尤其是那些和我一样喜欢音乐的人，相信自己，坚持不懈地追求自己的梦想。

在这篇演讲稿中，讲述了演讲者小明的音乐之路和追求梦想的坚持和努力。为了增强演讲的视觉效果，我们可以设计一个模型道具，以代表小明音乐之旅的重要里程碑，同时也能呼应演讲的主题。

道具设计：音乐之旅模型。

特点：

（1）以模型的形式呈现，便于观众观看和理解。

（2）用不同的元素和场景来代表小明的音乐之路，包括童年时光、梦想启蒙、家庭支持、挫折与努力、成就和迎接未来的挑战等。

适用范围：

（1）用于演讲中的可视化展示，能够生动地展示小明的音乐之旅，让观众更好地理解他的成长和努力。

（2）可以用于演讲开场或结尾，用来画龙点睛，突出演讲的主题和重点。

使用方法：

（1）演讲者在适当的时候，拿出音乐之旅模型，放在讲台上或手中展示。

（2）演讲者可以通过逐步展示模型中的不同场景，介绍每个里程碑的故事和意义，与演讲稿内容相呼应。

（3）随着演讲的推进，演讲者可以让观众更近距离地观看模型，或通过旋转模型来展示不同阶段的音乐之旅。

我们也可以让 ChatGPT 切换不同的道具类型。

如果换成实物道具呢？

如果将道具换成实物，我们可以选择一些代表小明音乐之路重要里程碑的物品，通过实物展示来增强演讲的视觉效果和情感共鸣。以下是可能使用的实物道具和它们的特点及适用范围：

实物道具设计：小明音乐之路展示物品

序号	实物道具	特点	适用范围
1	玩具乐器	童年时代的代表，象征小明对音乐的早期兴趣	用于表示小明童年对音乐的热爱和音乐兴趣的初发展
2	音乐学习资料	包括音乐教材、乐谱等，代表小明在学习音乐方面的努力	用于展示小明学习音乐的过程和对音乐知识的积累
3	家庭合影照片	代表小明父母的支持和鼓励，家人在音乐之路中的重要角色	用于强调家庭对小明音乐梦想的支持和影响
4	奖杯 / 奖状	代表小明在音乐比赛或演出中的成就和荣誉	用于展示小明在音乐道路上的成就和努力
5	音乐会门票	代表小明在音乐演出上的重要时刻，表达音乐家的荣耀和梦想	用于强调小明即将开启音乐巡演的重要里程碑

使用方法：

（1）演讲者可以逐个拿出实物道具，陈述每个实物的代表意义，配合讲述相应的故事和经历，与演讲稿内容相呼应。

（2）在演讲过程中，可以通过向观众展示实物道具，让他们更加身临其境地感受小明音乐之路的成长历程和付出。

（3）演讲者可以让观众近距离观看实物，与他们进行互动，增强参与感。

道具效果：

通过实物道具的使用，观众可以更直观地感受到小明的音乐成长过程，从童年兴趣的玩具乐器，到学习音乐的资料，再到家庭的支持和音乐成就的荣誉，最终迎接音乐巡演的重要时刻。实物道具能够让演讲更具有亲切感和真实性，让观众更容易与演讲者产生共鸣，并更加深刻地理解和记忆演讲的内容。

通过合理选择和使用实物道具，演讲者可以在演讲中更加生动地展示小明的音乐之路，让观众更有代入感和情感共鸣，进而达到演讲的目标和效果。同时，实物道具也能够为演讲增色添彩，使整个演讲更加吸引人，并引发观众的好奇心和兴趣。

从以上 ChatGPT 的回答，我们得到了很多新的创意和思路。下一步继续优化设计，就可能设计出合适的道具了。

在本章中，我系统地为大家介绍了演讲准备从成稿到表达的全流程。在演讲准备中，如果从主题开始就做好规划，设计出好的金句、结构和内容，并且仔细打磨表达技巧，往往就能取得好的结果。有别于传统演讲准备“从多到少”的模式，上来就开始写稿，再逐步修改打磨。这一章中我描述的是一种“从少到多”的思维模式，希望能给大家带来启发。我们发现，ChatGPT 不仅可以从结构和内容层面为我们赋能，也能扮演好一名助理教练的角色，给出有针对性的表达建议。

本章要点：

1. 选对主题是演讲成功的第一步，通过主题定位法，明确了主题，演讲稿就找到了方向。
2. 好的演讲金句有 4 个特点：主题积极正向、原创金句、朗朗上口、包含冲突或比较。
3. 好的演讲稿的开场（龙头）震撼吸睛，主体部分（猪肚）充实，结尾（豹尾）总结升华。
4. 从主题、金句、结构、内容、表现等几个层面一步步做引导，AI 工具就能帮我们生成一篇好的演讲稿。

思考及练习：

1. 请按照本章讲授的方法，使用 AI 工具提示词，生成 100 句演讲金句，主题自拟。
2. 按照本章的提示方法，从主题、金句、结构、内容、表现等几个层面一步步做引导，使用 AI 工具输出一篇演讲稿，并和第 1 章的练习进行比较。

Artificial
Intelligence,
AI

CHAPTER 4

第 4 章

会讲：AI 工具助力高阶演讲思维，晋升演讲顶尖之列

掌握了演讲从成稿到表达的全流程，我们就掌握了演讲的基础知识，但要达到更好的演讲效果，还需要掌握一些更高阶的演讲思维和技能。本章的前三节，我将介绍演讲的三种重要作用，分别为**影响**、**说服**和**幽默**。后三节讲演讲的三种高阶技能：**讲好故事**、**雕琢语言**以及**视觉辅助**。

4.1 影响：如何通过演讲直击人心，影响他人

演讲的一个重要作用，就是影响听众的想法，进而改变他们的行为。

著名心理学家罗伯特·B·西奥迪尼曾在其著作《影响力：社会心理学的理论与实践》（以下简称为《影响力》）中提到社会心理学的六大影响原则，这些原则是导致人们产生特定行为反应的心理机制。这六大影响原则如下：

互惠原则：人们倾向于对那些对他们表示好意或给予帮助的人做出回应。

承诺与一致原则：人们倾向于采取与他们之前的承诺或行为一致的行动。

社会认同原则：人们倾向于模仿他人的行为，特别是在不确定的情况下，以确保自己做出正确的决策。

喜好原则：人们更容易相信和支持那些他们喜欢的人，或者与他们有相似背景或兴趣的人。

权威原则：人们更倾向于遵从具有权威地位或专业知识的人的指令和建议。

稀缺原则：人们更容易为那些稀缺或限时的机会付出更多。

演讲不仅是表达的艺术，更是心理的艺术。真正的演讲大师，能很好地把握听众的心理，让演讲内容为自己的目的服务。

如果能善用这六大影响原则，把相应的心理学机制应用到演讲设计中，我们的演讲就会更加无往不利。

举个例子，有些演讲者在演讲开场时会做详细的自我介绍，介绍自己的头衔和在这个行业中取得的成绩。这个介绍部分非常重要，能提升听众对演讲者的专业度的信任，从而使其更加专注认真地倾听后面的内容。这里用到的就是权威原则。

有些演讲者在演讲过程中会使用很多互动方式，有些内容不是自己讲出来，而是通过不断地引导，让听众和自己互动，从而讲出答案。根据承诺与一致原则，人们会倾向于采取之前承诺过的行动。因此，这种方式，会比单纯讲给听众听的效果好很多。

很多演讲中不经意的表现，背后可能蕴含着精妙的设计。

我们试着提问 AI，看它是否能给出一些有针对性的建议，让我们把《影响力》中的六大原则，更好地应用到演讲里，从而提升我们的演讲效果。

新建一个对话框，取名“演讲影响力”，先提问 ChatGPT，测试它对于《影响力》一书的了解程度。ChatGPT 轻松罗列了前面的六大原则，然后输入以下提示词。

你现在是一名演讲大师，请给我一些这六大原则如何在演讲中使用的建议，使演讲可以达到更好的效果，帮助我更好地实现演讲目标。

作为一名演讲大师，我很乐意为您提供关于如何运用六大影响原则来达到更好的演讲效果的建议。以下是针对每个原则的一些建议：

（1）互惠原则（Reciprocity）：

- 在演讲开始时，给予观众一些有价值的信息、见解或感悟，让他们感受到您的善意和关心。
- 与观众建立互动，回答他们的问题，提供帮助和解决问题。
- 在演讲结束时，再次感谢观众的倾听，并鼓励他们在需要时与您联系。

（2）承诺与一致原则（Commitment and Consistency）：

- 在演讲中，强调您的核心理念和价值观，并以一贯的方式传递这些信息，建立起与观众的一致性。
- 鼓励观众在演讲中做出简单的承诺，比如点头认同或举手，这会增加他们在演讲后继续保持一致态度的可能性。

（3）社会认同原则（Social Proof）：

- 引用成功案例和证据，展示其他人是如何因为采纳您的建议或行动而受益的。
- 使用客户推荐或证词，表明您所提供的服务或观点已经得到他人的认可。

（4）喜好原则（Liking）：

- 建立良好的演讲人形象，表现出亲切、可信、易亲近的特质，让观众更愿意与您产生联系。
- 寻找与观众之间的共同点，并在演讲中强调这些共同点，增进彼此之间的喜好和情感联系。

（5）权威原则（Authority）：

- 在演讲中展示您的专业知识和经验，让观众相信您是一个有权威的演讲者。
- 引用权威性的研究或数据来支持您的论点，并解释这些数据背后的专业来源。

（6）稀缺原则（Scarcity）：

- 强调您演讲的独特性和独特的价值，让观众意识到他们只能在这次演讲中得到这些信息或体验。
- 如果时间或资源的机会有限，及早告知观众，以增加他们参与演讲的紧迫感。

结合六大原则，ChatGPT 直接给我们提供了一些有针对性的建议，但回答还是有点抽象。接下来把之前的自我介绍演讲稿输入进去，让 ChatGPT 结合相关原则，对我们的语句进行优化：

这里有一篇演讲稿，演讲者将参加一场分享会，请适当修改演讲稿，在稿件中添加喜好原则的部分。演讲稿为：大家好，很高兴能在这里与各位见面。我是小明，一个热爱音乐，并将其视为生命的一部分的人。今天，我想和大家分享我的音乐之路，以及在追求梦想过程中的坚持和努力。

让我带你们回到我童年的时光，那是一个充满音符和梦想的年代。

从小开始，我就对音乐产生了浓厚的兴趣。我还记得小时候，每当家里有人唱歌或是播放音乐，我总是会被吸引住，陶醉其中。音乐对我来说，不仅仅是一种声音，更是一种灵魂的表达。这种独特的感觉，让我深深热爱上了音乐。

随着年龄的增长，我逐渐明确了自己的音乐梦想，但来自家庭的压力让我感到不安。我的父母都是工人，家庭并不富裕。他们总是希望我能够有一个稳定的职业，过上平凡稳定的生活。然而，我内心深处的声音告诉我，我应该追随内心，追求自己真正热爱的东西。

有一天，我在电视上看到一场音乐巡演的现场直播，那个舞台上的音乐家们，激情四溢地演奏着，仿佛把整个世界都点燃了。那一刻，我下定决心，我也要成为那样的音乐家。我很庆幸能够在父母的支持下，顺利地上学，并一直追求自己的音乐梦想。从小到大，音乐一直是我生活中不可或缺的一部分。我不仅喜欢听音乐，更是对音乐制作和演奏有着浓厚的兴趣。但是，追求音乐并不是一帆风顺的旅程。

在我学习音乐的路上，曾经有许多挫折和困难。我记得有一次，我参加了一场音乐比赛，结果却意外失利。那一刻，我陷入了失落和犹豫之中。然而，正是这次失败让我更加坚定了对音乐的热爱。我决定不放弃，继续努力学习和探索音乐的奥秘。

通过自学和参加音乐课程，我不断提升自己的音乐技能。随着努力的付出，我的音乐才华也逐渐得到认可。我还记得那个激动人心的时刻：当我第一次在舞台上演奏时，观众们为我热烈鼓掌。那种成就感和喜悦，让我更加坚信，只要我坚持努力，音乐的舞台一定会为我敞开大门。

终于，今年 5 月，我将在维也纳金色大厅，开启自己的第一场音乐巡演。这对我来说是一个重要的里程碑，我迫不及待想与大家分享我的音乐世界。

虽然我知道前方还有很长的路要走，但我相信只要我一直努力坚持，追求自己的音乐梦想，那么一切都可能实现。正如我曾经听过的一句名言："坚持并不容易，但正是坚持让我们变得更强大。"我希望我的故事能够鼓励大家，尤其是那些和我一样喜欢音乐的人，相信自己，坚持不懈地追求自己的梦想。

谢谢大家。让我们一起坚定信念，迎接未来的挑战，用音乐点亮生活的每一个角落。

请问以上修改稿中，喜好原则的部分主要表现在哪里？能批注出来吗？

当然，我可以为您标注出演讲稿中喜好原则的部分。以下是修改稿，喜好原则的部分已用批注标记：

大家好，很高兴能在这里与各位见面。我是小明，一个热爱音乐，并将其视为生命的一部分的人。今天，让我带你们回到我童年的时光，那是一个充满音符和梦想的年代。

［喜好原则］ 从小开始，我就对音乐产生了浓厚的兴趣。我还记得小时候，每当家里有人唱歌或是 **［喜好原则］** 随着年龄的增长，我逐渐明确了自己的音乐梦想，但来自家庭的压力让我感到不安。

有一天，我在电视上看到一场音乐巡演的现场直播，那个舞台上的音乐家们，激情四溢地演奏着，仿佛把整个世界都点燃了。我很庆幸能够在父母的支持下，顺利地上学，并一直追求自己的音乐梦想。

从小到大，音乐一直是我生活中不可或缺的一部分。在我学习音乐的路上，曾经有许多挫折和困难。我记得有一次，我参加了一场音乐比赛，结果却意外失利。通过自学和参加音乐课程，我不断提升自己的音乐技能。随着努力的付出，我的音乐才华也逐渐得到认可。终于，今年 5 月，我将在维也纳金色大厅，开启自己的第一场音乐巡演。这对我来说是一个重要的里程碑 **［喜好原则］** 你知道吗，正是因为有许多像你们这样喜欢音乐的朋友的支持和鼓励，我才能够走到今天这一步。虽然我知道前方还有很长的路要走，但我相信只要我一直努力坚持，追求自己的音乐梦想，那么一切都可能实现。谢谢大家。让我们一起坚定信念，迎接未来的挑战，用音乐点亮生活的每一个角落。

可以看出，ChatGPT 标注了一些符合“喜好原则”的语句。我们再来尝试些别的原则：

可以在稿件中注入互惠原则的因素吗？请按照以上格式，同样批注出来。

当然可以！以下是在演讲稿中注入互惠原则的因素，并按照以上格式进行批注：

大家好，很高兴能在这里与各位见面。我是小明，一个热爱音乐，并将其视为生命的一部分的人。今天，让我带你们回到我童年的时光，那是一个充满音符和梦想的年代。

［喜好原则］ 从小开始，我就对音乐产生了浓厚的兴趣。我还记得小时候，每当家里有人唱歌或是 **［喜好原则］** 随着年

龄的增长，我逐渐明确了自己的音乐梦想，但来自家庭的压力让我感到不安。**［互惠原则］** 我要感谢父母对我的理解和支持，正是有了他们的支持，我才能够追逐音乐梦想。有一天，我在电视上看到一场音乐巡演的现场直播，那个舞台上的音乐家们，激情四溢地演奏着，仿佛把整个世界都点燃了。我很庆幸能够在父母的支持下，顺利地上学，并一直追求自己的音乐梦想。从小到大，音乐一直是我生活中不可或缺的一部分。在我学习音乐的路上，曾经有许多挫折和困难。我记得有一次，我参加了一场音乐比赛，结果却意外失利。通过自学和参加音乐课程，我不断提升自己的音乐技能。随着努力的付出，我的音乐才华也逐渐得到认可。终于，今年 5 月，我将在维也纳金色大厅，开启自己的第一场音乐巡演。这对我来说是一个重要的里程碑。

当然，以上内容并不能体现《影响力》一书中六大原则的精髓，这和我们的提示词有关。AI 是一个坚定的执行者，不管我们的提问是否科学，它都会想方设法地给出答案，甚至可能是编造的答案。这一点大家需要注意。

于是，调整一下提示词，让 ChatGPT 设计一些相关创意。

继续。

这对我来说是一个重要的里程碑。

［互惠原则］在我演出的时候，我希望能够通过音乐将欢乐传递给观众，与大家共享美妙的音乐时光，感谢你们一直以来对我的支持和喜爱。

我深知前方的道路依然漫长，但我相信只要我继续坚持努力，追求自己的音乐梦想，那么一切都可能实现。正如我曾经听过的一句名言："坚持并不容易，但正是坚持让我们变得更强大。"

［互惠原则］同样，我也愿意尽己所能回馈社会，帮助那些有音乐梦想的年轻人，鼓励他们勇敢追寻自己的热爱。因为正是有了你们的喜欢和支持，我才能够走到今天这一步。

我希望我的故事能够鼓励大家，尤其是那些和我一样喜欢音乐的人，相信自己，坚持不懈地追求自己的梦想，并在实现自己梦想的过程中，也能够回馈社会，帮助他人实现梦想。

谢谢大家。让我们一起坚定信念，迎接未来的挑战，用音乐点亮生活的每一个角落。同时，也非常感谢你们一直以来对我音乐的喜爱和支持！希望我们能共同走进音乐的美妙世界，让音乐成为我们的共同喜好，连接我们的心灵。谢谢！

这次的答案，就好了很多，ChatGPT 可以提供一些有价值的创意，完善我们的演讲。

这里还需要补充一点：《影响力》是一本讲述了人们在日常生活中是如何被影响和说服的重要著作。通过深入理解这些影响原则，我们可以更好地理解人类行为，并在自己的生活和工作中更明智地运用这些原则。

在演讲中合理地运用这六大影响原则可以提升演讲说服力和影响力。但需要注意的是，使用这些原则的目的应该是更好地传递有价值的信息和观点，而不是操纵观众。真诚和诚实永远是建立信任和与观众连接的基石。

4.2　说服：如何用 4 个点说服他人

说服，是演讲的另一项关键功能。

所谓说服，就是通过你的言辞和表述，让听众接受你的观点、看法或建议，从而产生思维甚至是行为的改变。

这个过程其实是很难的。有这样一句话：“**这个世界上最难的事，就是把别人的钱，装进你的口袋；把你的想法，装进别人的脑袋。**”

说服就是要把你的想法，装进别人的脑袋。

需要说服的场景有很多，比如家长教育孩子，需要说服；销售人员与客户成交，需要说服；演讲者传播思想，需要说服。

为什么有些人说服的效果很差，但有些人说服的效果就会好很多呢？

在说服过程中，通常有个最大的误区，就是讲道理。

你会发现，不管你的道理讲得有多好，你都很难说服别人，而且往往是，道理讲得越好，越说服不了听众。

最有效的说服模式，其实是不说服。

你也许会问：“老思，你这是什么意思？明明我就需要说服我的听众啊，我需要他们改变想法，我要实现我的目标，我要与他们成交，我要让他们听我的话……”

但关键是，我们很难通过一席话，就让人改变自己的想法。没有人喜欢被改变，说服的关键是找到听众和我们的共同诉求。

因此，说服其实不是演说的艺术，而是参透人心的艺术。

在这个过程中，我们千万不要尝试讲道理，总想“说服”听众，而是应该找到听众的需求点，并且在你的目标点和听众的需求点之间，找到连接点。说服的过程就是把这个连接点表述清楚的过程，并且同时激发听众的情绪点，说服也就顺理成章了。

以上方法，被我称为说服的“4 点”模型，也是我的一个原创模型。

我把这个方法“投喂”给 ChatGPT，看它对于这个模型的理解：

在说服的过程中，我们千万不要尝试给听众讲道理，而是应该找到听众的需求点，并且在你的目标点和听众的需求点之间，找到连接点。说服的过程就是把这个连接点表述清楚的过程，并且同时激发听众的情绪点，说服也就顺理成章了。我的目标点，听众的需求点，目标点和需求点的连接点，以及听众的情绪点，被我称为“4 点模型”，请问你可以理解吗？如果理解，请回答：“我理解了”，并给出相关简述。

我理解你提出的“4 点模型”。在这个模型中，你强调了在说服过程中的关键要素：目标点、需求点、连接点和情绪点。这个模型的核心概念是：不仅要关注自己的观点和目标，还要深入了解对方的需求和情感，并找到它们之间的联系，从而更有效地实现说服效果。

（1）目标点：这是你希望在演讲中传达给对方的核心观点、信息或建议。它代表了你想要对听众产生的影响。

（2）需求点：这是对方的需求、关切或问题，也就是他们的心理诉求。了解对方的需求点有助于 你定位演讲内容，使其更具针对性。

（3）连接点：连接点是目标点和需求点之间的桥梁，它是你说服的关键。在连接点上，你需要清楚地展示如何满足对方的需求，以及为什么你的目标对他们有益。

（4）情绪点：情绪点是在说服过程中激发对方情感的部分。情感共鸣和情感连接能够更深层次地影响听众，让他们更愿意接受你的观点。

通过识别这些要素并将它们融入你的演讲中，你可以更有针对性地与听众沟通，增强说服力，并建立更紧密的联系。

举例：假设你要说服一群年轻人开始更健康的生活方式。你的目标点是健康生活的重要性。你发现他们关注外貌和活力，这就是他们的需求点。你在演讲中通过强调健康生活的外在影响（连接点），如增加活力和改善皮肤状态，你还可以分享一个成功的健康改变故事，引发年轻人的情感共鸣（情绪点），从而更有效地说服他们迈出健康的一步。

确定 ChatGPT 理解我的模型后，我尝试用它处理一个案例，让它设计一段说服话术。按照之前的公式，我采用的提示词如下：

我是一位演讲教练，有一门很不错的演讲课程，已经帮助很多学员提升了演讲能力，并培养出了数十位全国及省级演讲冠军。我现在想说服一位家长购买该课程，她想给孩子报一门演讲课，提升孩子的表达能力，但有点犹豫，担心我这门课程的效果。请采用以上的“4 点模型”，帮我生成一段说服的话术，这段话术应该照顾到以上的 4 个点，并用文本的形式生成。话术中请帮我标注出哪些地方应用到了哪个点，起到了什么作用。

尊敬的家长，您好。首先，非常感谢您考虑我们的演讲课程，我非常理解您希望为孩子提升表达能力。我想与您分享一些关于我们课程的信息，以及为什么您可以放心选择我们。

（①目标点）我们的课程着重于培养孩子自信而清晰的表达能力。通过充满趣味和互动的教学方法，我们鼓励学员在一个支持性的环境中自由发声，建立自信，并将内在潜力完全释放出来。

（②需求点）我了解您对课程效果的担忧。作为家长，您自然希望为孩子选择最好的。我们自豪地告诉您，我们的课程已经培养出了数十位全国或省级的演讲冠军。这不仅是我们课程的成功案例，更是证明了我们的方法在实际应用中取得了卓越成果。

（③连接点）您的孩子将会在我们的课程中学到一些实用的演讲技巧，这些技巧不仅仅适用于演讲台上，还可以在日常生活中派上用场。我们的教练团队将会根据每位学员的特点和需求，定制个性化的教学计划，确保他们能够在演讲能力上有明显的提升。

（④情绪点）除了技巧，我们更注重培养学员的情感共鸣和社交能力。我们相信，一个自信而富有共情力的演讲者能够更好地影响和感染听众。孩子们在我们的课程中将会与同龄人互动，分享彼此的故事，培养出深厚的人际关系。

综上所述，我们的课程不仅仅关注于演讲技巧的提升，更涵盖了个人成长和自信心的培养。如果您愿意，我非常欢迎您参观我们的课程，亲身感受我们的教学氛围和学习环境。我坚信，通过我们的课程，您的孩子将会在表达能力、自信心和人际交往等方面得到全面的提升，为他们未来的成功打下坚实的基础。

谢谢您的关注，期待有机会与您进一步交流。

可以看出，这段内容的话术还算不错，但它对模型的理解，似乎有一点点小问题。“4 点模型”更多描述的是一种心法，并不需要 ChatGPT 在话术中都用到，而是需要把心法的内容提炼出来，有机地融入话术中，实现我们的目标点和客户需求点的有效连接，并且有效激发客户的情绪。于是我又调整了提示词，输出如下：

在说服力“4 点模型”中，目标点应当是我内心的想法，在这个案例中就是与该潜在客户成交，让她购买我的课程产品；需求点就是我分析的该潜在客户内心的需求和犹豫；连接点就是她购买产品后，能够给她带来的好处，如何满足她的需求。因此话术中应当照顾到 4 个点，但是不需要专门设计与 4 个点对应的话，只需要考虑整体的说服效果。请结合这段内容补充，帮我生成两个部分的内容，第一个部分是表格，包含 4 个点的分析。第二个部分是文字，即最后的说服话术。

当然，我理解您的想法。以下是按照您的要求创建的表格，其中包含了目标点、需求点、连接点和情绪点的分析，以及最后的说服话术的文字部分。

分析表格：

点	描述	作用
目标点	成交潜在客户，使她购买我的演讲课程产品	设定说服的最终目标
需求点	家长犹豫，担心课程效果，希望孩子获得表达能力提升	确认客户需求，了解她的担忧和期望
连接点	课程将显著提升孩子的表达能力，为他们未来学习和职业发展铺平道路	展示课程如何满足客户需求，解决她的疑虑
情绪点	孩子将在鼓励性环境中建立自信、培养情感共鸣和人际关系	激发客户情感，让她感受到课程的综合收益

这是第一部分的表格，第二部分的说服话术如下：

说服话术。

尊敬的家长：您好！

我非常感谢您考虑为孩子报名我们的演讲课程，我理解您希望孩子获得表达能力的提升。作为一位演讲教练，我有幸见证过许多学员在我们课程的帮助下取得的巨大进步。我想向您分享一些关于我们课程的信息，帮助您更好地了解我们如何满足您和孩子的需求。

首先，我明白您可能担心课程效果。我为您解释一下，我们的课程不仅仅关注技巧的提升，更注重孩子的个人成长和情感共鸣。我们的教练团队经验丰富，已经培养出了数十位全国或省级的演讲冠军。这不仅是我们课程的成功案例，更证明了我们的方法在实际应用中取得了卓越成果。

如果您选择让孩子参加我们的课程，您将会看到在我们鼓励性的环境中，孩子们将建立自信、培养情感共鸣和人际关系。我们课程的独特之处在于，它不仅仅是技巧的培训，更是一个全面提升的过程。我们的目标是帮助孩子在表达能力、自信心和人际交往等方面取得长足的进步，为他们未来的学习和职业发展铺平道路。

如果您有兴趣，我非常欢迎您参观我们的课程，亲自感受我们的教学氛围和学习环境。我相信，通过我们的课程，您的孩子将会获得更多的收获和成长。谢谢您的关注，期待有机会与您进一步交流。

如果您需要进一步的定制话术，欢迎随时告诉我。

这段内容话术更加简洁，更具可用性。

从以上分析可以看出，说服的本质是找到对方的需求，并且在我方目标和对方需求之间建立联系。在这个过程中，我的建议是，先满足他人的需求，再结合自己的目标，永远把听众和客户放在第一位，你才能实现真正的说服。

因此，真诚才是最强大的武器，真心为别人好、为别人想办法，并且确实可以解决问题，说服自然是顺理成章的事情了。

4.3　幽默：巧用段子公式，打造妙趣横生的演讲效果

问一个问题：你是喜欢紧张严肃的场合，还是轻松活泼、有幽默感的氛围呢?

很多朋友会选择后者，我就是其中之一。听一场演讲，不仅能提升认知，学到知识，更能轻松愉悦，岂不一箭双雕?

特别是在当下，谁能更好地抢占注意力资源，谁就更容易脱颖而出。

我和 2004 年世界演讲冠军 Ed Tate 有过一次短暂交流，他作为教练，辅导出三位世界演讲冠军。他告诉我，在设计冠军演讲稿时，通常需要在前 20 秒之内就要埋设一个笑点，只有这样，才能吸引住听众。

我在给学员设计演讲稿时，根据学员的自身特点，有时也会专门设计笑点，即帮他们编段子。

好的段子，能起到润滑剂的作用。有时候，观众听累了，一个段子，就能让他们重新找回状态。

幽默段子之所以能够让人发笑，原理主要涉及以下几个方面：

意外性：幽默常常来自意想不到的情节、结局或观点。当人们预期的事情和呈现的结果截然不同时，就会引发笑声。这种出乎意料的转折能够刺激人们的大脑，引发愉悦感。

夸大与夸张：幽默常常通过夸大事物的特点或情境来制造笑料。夸张的描述和情绪会引发共鸣，因为它们远离了现实，创造出了荒谬和滑稽的情景。

讽刺与批评：幽默段子常常以自我讽刺或批评他人为基础。通过戏谑自己或批评社会上的普遍缺点，引发共鸣，并让人们感到轻松和愉悦。

双关语和文字游戏：利用言语的多义性和双关意味可以制造出令人捧腹大笑的段子。这种游戏带来了言语上的戏谑，让听众在不同层面上理解笑点。

情感共鸣：幽默常常在讲述人们可以共鸣的情感和经历时产生。当观众感受到与段子中人物相似的情感时，他们会觉得被理解和陪伴，从而产生笑声。

社会文化因素：幽默与文化、社会背景有关。一些笑话可能在特定文化中更具娱乐性，因为它们涉及特定的社会共识、价值观或事件。

综上所述，幽默段子的发笑原理在于打破预期，利用夸张、讽刺、双关语等手法来引发意外和愉悦，以及创造情感共鸣和文化背景的连接。不同类型的幽默段子可以通过不同的方式触发人们的笑点。

幽默段子的设计是有公式的。

我尝试接着以上几个方面的话题，提问 ChatGPT 是否可以帮我设计公式，它给出了相关答案及案例：

幽默段子的设计，有公式吗？请帮我描述一下，并给出例子。

虽然幽默是一种创造性和主观的表现，没有固定的公式可以确保成功，但有一些常见的设计原则可以帮助制作幽默段子。这些原则并非硬性规定，而是可以指导创作幽默的方向。下面是一个简化的“幽默段子设计原则”：

原则 1：意外性（Surprise）

在段子中引入意外的转折，打破听众的预期。这可以通过扭转常规情节、以出乎意料的方式解决问题，或者让人们重新审视已知的事物来实现。

例子：

- 为什么书本不去上学？因为它们怕被涂鸦！

原则 2：夸大与夸张（Exaggeration）

夸大描述某种情境，使之变得荒谬滑稽，从而引发笑声。

例子：

- 我在健身房锻炼了一个月，现在我的肌肉已经比我大脑还要发达了！

原则 3：讽刺与批评（Satire）

嘲笑社会、人性的弱点、荒谬行为或愚蠢观点，揭示问题的荒谬之处。

例子：

- 为什么月亮常常晚上出现？因为它听说白天的太阳刺眼，所以只好晚上出来遛弯！

原则 4：双关语和文字游戏（Wordplay）

利用语言的多义性、双关意味或谐音来制造出笑料。

例子：

- 每次我去参加魔术表演，我都拿着一根胡萝卜。为什么？因为魔术师说他要从我的鼻子里变出一只兔子！

原则 5：情感共鸣（Emotional Resonance）

讲述人们可以共鸣的情感和经历，引发听众的共鸣和笑声。

例子：

- 人生就像吃薯片，开始时充满希望，到最后却总是发现袋子里只剩下一片碎渣！

原则 6：社会文化因素（Cultural and Social References）

利用特定文化、社会背景或事件创造幽默，让听众在共同的认知基础上笑出声。

例子：

- 如果世界上没有咖啡，星巴克会不会变成一个寂静的图书馆？

记住，创造幽默是一门艺术，不同的人有不同的幽默喜好，因此创作幽默段子时要考虑到受众的背景和文化差异，以确保笑话能够产生预期的效果。

但答案和案例还是过于笼统，不方便直接套用。在这里，我们就需要“投喂”一些相关资料，给 AI 更精准的提示。美国脱口秀传奇人物格雷格·迪安（Greg Dean）总结过一套幽默段子的方法，可以简单归结为一个公式：

笑点（段子）= 铺垫 + 包袱

其中铺垫部分给观众设定了一个预期，把观众引导到一个错误的方向，然后在抖包袱部分，突然给出一个不一样的结果和方向，打破这个预期，称为反预期。

我用某著名演员的一个段子，给大家举例：

最近，大家的行为举止都越来越奇怪，我对面的大爷，站在阳台上，连续三天，盯着我看，第四天我实在受不了了，换回了男装。

在这个段子中，铺垫部分，观众本来的预期是大爷为什么那么奇怪，但是包袱部分，大家理解了。原来作为一个男士，我一直在穿着女装，我才是那个奇怪的人啊！这里创造了一个反预期，幽默效果就出来了。

以上这些语料，都可以“投喂”给 ChatGPT，还是按照之前 ChatGPT 提示词的设计方法，角色任务 + 具体要求 + 任务目标 + 输出格式，让 ChatGPT 仿写一些段子。

你是一名幽默大师，幽默段子其实是有公式的，其中一个幽默段子公式可以总结为：笑点（段子）= 铺垫 + 包袱。其中铺垫部分给观众设定了一个预期，但是在抖包袱部分却抖出了一个不一样的预期，称为反预期。举个例子：最近，大家的行为举止都越来越奇怪，我对面的大爷，站在阳台上，连续三天，盯着我看，第四天我实在受不了了，换回了男装。铺垫部分，观众的预期是大爷为什么那么奇怪，但是包袱部分，大家理解了。原来作为一个男士，我一直在穿着女装，我才是那个奇怪的人啊。这里创造了一个反预期，幽默效果就出来了。我现在想写一些幽默段子，请按照以上公式，帮我创作一些段子作为素材，主题自拟，要求逐条输出。

ChatGPT 输出的其中一个段子如下：

主题：健身房奇遇

铺垫：最近我决定去健身房锻炼，一切都挺正常的，直到有一天，一个身材壮硕的教练走了过来……

包袱：他竟然问我要不要试试举重！我连拎购物袋都费劲，他是不是把我当哑铃啊？

这个段子明显是不符合要求的，于是我继续做优化，给它更多的案例和提示：

有些段子有点奇怪，能改动一下吗？比如说第一条就不太合理，本来我去健身房就是为了锻炼，因此并没有打破预期。举个例子，第一个如果改为：有一天，我去健身房锻炼，但一去就被这些器械吓到了。我想：天哪，这么大的器械，我一个人搬得动吗？原本预期是用器械锻炼，打破预期（反预期）是搬器械本身。你理解了吗？

AI 改写后的段子如下：

主题：健身新手

铺垫：有一天，我去健身房锻炼，但一去就被这些器械吓到了。我想：天哪，这么大的器械，我一个人搬得动吗？

包袱：结果，我竟然用了半个小时，费劲地把一个哑铃搬到了另一个角落，健身都没开始就已经累得够呛了！

可以看到，ChatGPT 成功识别出了新主题，应该是关于健身新手的，也在我给出的段子的基础上添加了一些内容，整体上已经好了很多。但实际上，这个段子是包含 2 个包袱的，第 1 个是搬器械，第 2 个是真的还搬了。其中第 2 个包袱是 ChatGPT 制作的。

通过以上提示词，我们发现 ChatGPT 可以通过“投喂”和提示，帮我们生成一些幽默段子的素材。由于幽默段子本来就属于语言的高级应用，真正能写出好段子的人才凤毛麟角，现阶段 ChatGPT 在这一块还有很大提升空间。但它能帮我们找到一些创意和素材，对于幽默段子的创作，还是有很大意义的。

4.4　故事：ChatGPT 能帮你写出代入感十足的故事，让人记忆犹新

如果只让我选择一种演讲的方式，我会选择：讲故事。

从人类文明诞生之日起，故事就是最有效的交流和沟通工具。人类文明的延续，一定程度上，就是人类故事的延续。

在演讲过程中，我们很难记住那些复杂的说理，但是却很容易记住那些触动人心的故事。晓之以理，永远不如动之以情。

我在辅导演讲的过程中，一项重要的任务就是挖掘学员的故事。只要能找到一个好的故事，演讲内容就有了好的根基。故事的力量是强大的，不光是演讲需要，所有的表达场景都需要好的故事，比如短视频、小说、戏剧、电影等等。

既然故事如此重要，那么好的故事是如何设计的？我根据长期的辅导经验，把好故事的设计公式总结为：

好故事 = 清晰的背景 + 鲜活的人物 + 意料之外的转折 + 有价值的感悟

清晰的背景是指故事的时间和地点明确，读者能够轻松理解故事发生的环境和背景。有时候，我们也可以通过细腻生动的描述，让读者感觉仿佛身临其境，融入故事情节。

鲜活的人物是指人物的性格特点鲜明，个性鲜活，使他们更具可信度和亲近感。有时候，我们也可以设计人物之间错综复杂的关系，呈现真实世界中的人际关系。

意料之外的转折指的是剧情发展避免陷入刻板定式，而是通过意想不到的转折，让读者感到新奇和惊喜。需要注意的是，转折应该与故事的整体逻辑相契合，不能显得牵强附会，否则容易破坏故事的连贯性。

有价值的感悟指的是故事应该探讨一定的主题或人生价值观，通过情节展示或人物经历，给读者深刻的启示。当然，我们需要避免过于直白的道德说教，而是让读者自行体会，产生共鸣和思考。

具体如何做，我们可以参考以下步骤：

首先是**计划故事结构**。在构思故事时，先要明确故事的背景、主题和基本情节，以便为后续的人物设置和转折做好铺垫。

其次是**塑造人物形象**。描述每个主要角色的个性，深入挖掘他们的情感和动机，使其成为故事的核心。

再次是**突出转折关键**。在故事中设定转折点和令人瞠目结舌的情节，让听众在不经意间被吸引，保持听演讲的兴趣。

最后是**融入感悟**。通过细节传达深刻的人生哲理或价值观，引发听众共鸣。

我的朋友 Kwong YueYang，是两届 Toastmasters 世界英语演讲比赛的亚军得主，我也曾和他同台比赛过。作为一名讲故事的高手，Kwong 非常善于挖掘日常生活中的小事，并通过细节描述和价值提炼，在演讲中讲出精彩的故事。

他 2011 年演讲的《幸运饼干》(Fortune Cookie)，就是其代表作。在演讲中，Kwong 分享了自己的人生经历。曾经不同的人给了他一些自相矛盾的建议，他总是照单全收，结果自然不怎么好。一天，他想看看幸运饼干里的纸条给他的指示。当他迫不及待地打开幸运饼干，取出纸条时，意外地发现纸条上什么也没有，没有像其他幸运饼干里的纸条那样写有幸运预言或智慧箴言。

于是他领悟了：人生答案不在别人的建议中，而应该在自己的手中。

这篇演讲故事，有着清晰的背景和故事结构，塑造了鲜明的人物形象，并且有令人印象深刻的转折及感悟，帮他拿下了当年的世界演讲亚军。

在上一章中，我提到一位演讲学员，她的演讲题目是《有为无畏》(Do without regret)。我了解到这名学员有这样一段经历：她有一次可以代表学校做主持人的机会，主持稿都已经写好了，但是因为害怕上讲台，结果把稿子给了别人，自然也把这次难得的机会让给了别人。后来她非常的后悔，因此痛定思痛，决定未来一定要克服胆怯和恐惧，勇敢地站上讲台，因此鼓起勇气参加了这次演讲比赛。

一旦有了经历的素材，我们就可以利用 AI 工具，帮助我们丰富内容，直接写出演讲故事。

重新建立一个对话框，首先将相关标准“投喂”给 ChatGPT，做一个基本测试。

你是一名故事大师。好故事的标准是：①清晰的背景；②鲜活的人物；③意料之外的转折；④有价值的感悟。请问你理解和同意这个标准吗？如果同意请回答：“我同意”。

我同意这个标准。好故事应该具备清晰的背景，让读者能够了解故事发生的环境和背景信息。同时，鲜活的人物是故事的灵魂，他们的性格、情感和冲突能够吸引读者的注意力，使故事更加引人入胜。意料之外的转折是保持故事吸引力的关键，让读者感到惊喜和悬念，更愿意继续阅读下去。最后，好故事应该传递有价值的感悟，给读者以启示或思考，让他们从中获得新的认知或情感体验。

结果如上，确认 ChatGPT 可以很好地理解 4 个标准后，我们输入以下提示词：

请基于以下这段素材，写一篇演讲故事，要求符合以上好故事的 4 个标准，演讲故事字数为 350 字左右。素材为：“我有一次可以代表学校做主持人的机会，主持稿都已经写好了，但是因为害怕上讲台，结果把稿子给了别人，自然也把这次难得的机会让给了别人。后来我非常的后悔，因此痛定思痛，决定未来一定要克服胆怯和恐惧，勇敢地站上讲台，因此鼓起勇气参加了这次演讲比赛。”

ChatGPT 的输出结果如下：

敬爱的各位老师和同学们：

我曾经有一次难得的机会，可以代表学校做主持人。我兴奋地写好了主持稿，准备在舞台上展示自己的才华。然而，当大家的目光聚集在舞台上，我却被恐惧深深笼罩，无法迈出那一步。终究，我选择了逃避，将稿子交给了别人，自然也放弃了这个宝贵的机会。

那一刻，我深感遗憾和后悔。我意识到，自己的胆怯和恐惧成为限制我前进的枷锁。我知道，如果我不能战胜内心的恐惧，就永远无法实现自己的梦想。

痛定思痛，我下定决心，要勇敢地面对自己，克服内心的恐惧。于是，当听说学校将举办一场演讲比赛时，我毅然报名参加。这次演讲比赛对我而言，不仅是一次挑战，更是一次机遇，是我证明自己的时刻。

准备阶段，我付出了更多的努力。我不仅仅是把文字排列整齐，更是把每个词句融入自己的情感和思考。我希望用心灵的火花触动每一个听众，让他们感受到我内心的热情和坚定。

比赛的那一刻，我感到心跳急促，但我告诉自己：不要害怕，你已经做好了准备。我走上舞台，紧紧握住话筒，微微闭上眼睛，深呼吸。然后，我开始讲述我的故事，我的梦想，和我对未来的承诺。

当我讲到那个曾经让我迷茫的时刻，我坦然承认自己的胆怯和逃避。然而，我没有停留在痛苦里，而是告诉大家，我已经战胜了自己，勇敢地站在这里。我说："从那时起，我下定决心，不再让恐惧束缚我的脚步。我要证明给自己看，我能够成为我想要成为的自己。"

整个演讲厅里，氛围渐渐热烈起来。我看到老师们点头赞许，同学们眼神中闪烁着敬佩。那一刻，我知道，我成功了。不是因为我是完美无缺的，而是因为我敢于面对自己的不足，敢于去追求自己的梦想。

今天，我站在这里，分享我的故事，也希望能激励你们。人生的道路上，难免会有挫折和恐惧。但只要我们敢于正视自己，敢于战胜内心的恐惧，我们定能踏上成功的征程。

因此，让我们一起鼓起勇气，迎接挑战，成就更好的自己！谢谢大家！

如果对 ChatGPT 在某方面的输出不太满意，我们还可以继续追问。例如，我们可以让 ChatGPT 加强故事的转折，让故事更有戏剧性。

请把以上稿件做一些调整，让故事转折更有戏剧性，从而更加吸引听众。

敬爱的各位老师和同学们：

我曾经有一次难得的机会，可以代表学校做主持人。我兴奋地写好了主持稿，准备在舞台上展示自己的才华。然而，当大家的目光聚集在舞台上，我却被恐惧深深笼罩，无法迈出那一步。终究，我选择了逃避，将稿子交给了别人，自然也放弃了这个宝贵的机会。

那一刻，我深感遗憾和后悔。我意识到，自己的胆怯和恐惧成为限制我前进的枷锁。我知道，如果我不能战胜内心的恐惧，就永远无法实现自己的梦想。

痛定思痛，我下定决心，要勇敢地面对自己，克服内心的恐惧。于是，当听说学校将举办一场演讲比赛时，我毅然报名参加。这次演讲比赛对我而言，不仅是一次挑战，更是一次机遇，是我证明自己的时刻。

准备阶段，我付出了更多的努力。我不仅仅是把文字排列整齐，更是把每个词句融入自己的情感和思考。我希望用心灵的火花触动每一个听众，让他们感受到我内心的热情和坚定。

比赛的那一刻，我感到心跳急促，但我告诉自己：不要害怕，你已经做好了准备。我走上舞台，紧紧握住话筒，微微闭上眼睛，深呼吸。然后，我开始讲述我的故事，我的梦想，和我对未来的承诺。

正当我讲述着我的成长历程和对未来的渴望时，一个出乎意料的转折发生了。就在我意气风发之际，话筒突然出现了问题，发出刺耳的啸声，让我瞬间陷入尴尬。

我停顿了一下，看着那个损坏的话筒，内心开始有些慌乱。但我不愿放弃这次机会，于是果断转身，走向另一个话筒，坚定地继续我的演讲。

“挫折是人生路上的一部分，而我们能否迎接挑战，战胜困难，才是衡量我们的勇气和决心的标志。”我微笑着说道。场下的掌声和欢呼声响彻全场，我知道，这次出乎意料的转折，让我更加真实和可亲。

我继续用自己的真情实感，讲述着奋斗的故事，分享着成长的心得。我的声音渐渐坚定，讲话变得更加流畅自信。就在我结束演讲时，台下响起了热烈的掌声和欢呼声。

今天，我站在这里，分享我的故事，也希望能激励你们。生活充满了不确定性，但正是这些出乎意料的转折，让我们变得更加勇敢和坚韧。所以，让我们一起鼓起勇气，迎接挑战，成就更好的自己！

谢谢大家！让我们共同见证，那些战胜困难的人，都将成为最终的赢家！

可以看出，提示词修改后，AI 输出的故事增加了更多的转折。

按照以上方法，通过给 AI 工具“投喂”更多的故事结构类型，例如英雄之路结构、故事山结构等，就可以让 AI 工具依葫芦画瓢，写出不同类型的故事。

4.5 语言：语言不生动，没有感染力怎么办？ChatGPT 帮你优化

演讲毕竟是语言的艺术。语言设计是演讲的基础。但演讲不同于写文章，演讲属于口语传播形式，而且很多时候需要烘托气氛，因此语言需要相对生动，有一定的感染力。

语言生动、有感染力，并不是指使用华丽的辞藻。有时候，过于华丽的辞藻，不仅不能帮助我们实现演讲目标，反而会有华而不实甚至是虚假之嫌。

因此，好的演讲语言设计不是走形，而是走心。

走心的语言设计是指以听众为中心，从理性的层面讲，**结构清晰，通俗易懂**，让听众有充分的获得感；从感性的层面讲，**调用五感，排比对仗**。

以上提到了 4 组关键词，也是演讲语言设计中的方法。下面我们分别来看，如何通过这些方法，让我们的演讲语言更生动、更有感

染力。

结构清晰，就是演讲的语言设计要考虑到整体的逻辑结构，让演讲内容清晰易懂，让听众容易记住。在前文中，我从逻辑思维的层面讲了演讲结构的思维的维度。这里，我再结合 AI，给大家介绍一些具体的方法。

其中一个方法，也是我常用的语言组织方法，叫作**首字谐音法**。例如，一篇医生的演讲词："我今天的演讲是关于'三心二意'的，其中'三心'分别是指爱心、耐心和细心；'二意'是指对患者有诚意，要让患者满意。"

我们可以把这个方法"投喂"给 AI，让它给我们提供更多的演讲结构。

演讲的语言设计应当结构清晰，可以使用一些有关结构的方法让内容更有系统性，便于记忆，比如首字谐音法。例如，一篇医生的演讲词："我今天的演讲是关于'三心二意'，其中'三心'分别是指爱心、耐心和细心；'二意'是指对患者有诚意，要让患者满意。能帮我再想一些别的语言设计结构吗？"

当设计演讲语言结构时，确保内容有条理、易于理解和记忆，是非常重要的。除了首字谐音法，还有许多其他结构方法可以帮助你达到这个目标。以下是一些额外的语言设计结构方法，适用于医生的演讲词：

（1）三段式结构：将演讲内容划分为三个主要部分，每部分涵盖一个关键概念。例如，你可以讨论医生的角色、患者需求和医疗责任。

（2）比较对比结构：对比不同的医疗态度、治疗方法或医生患者关系，强调你提倡的正确方法，并解释其优势。

（3）故事情节结构：借助一个或多个生动的案例故事，将演讲内容贯穿在情节之中，让听众更容易理解和记忆。

（4）问题解决结构：提出一个核心问题或挑战，然后逐步介绍解决方案，以说明医生应该如何应对和解决问题。

（5）时间顺序结构：按照时间顺序展示医生的成长历程、医疗进步或患者经历，帮助听众更好地了解主题。

（6）层层递进结构：逐步引入不同层面的概念或观点，从而建立一个全面的论述体系，使听众能够逐步理解主题的各个方面。

（7）问题与解答结构：提出一系列与医疗相关的问题，然后在演讲中逐一回答这些问题，以展示你的专业知识和观点。

（8）引用名言结构：使用多个相关的名人名言或医学名言，通过引用来支持你的观点，并将它们整合到你的演讲中。

（9）数字统计结构：使用具体的数字和统计数据，以支持你的论点，同时帮助听众更好地理解医疗领域的现状和挑战。

（10）步骤流程结构：分步骤地介绍某个医学过程、治疗方案或流程，使听众能够清楚地跟随你的思路。

这里还有个使用 AI 工具的小技巧。有时候，我们需要更多的想法和创意，点击右下角的 Regenerate 键，AI 工具就能重新输出一批答案，但我们也需要注意及时保存之前生成的内容。

通俗易懂，就是在演讲过程中**说人话**。在演讲时，我们通常只有一次表述的机会，需要快速让听众听懂我们的意思。

做到这一点，其实并不容易，对于很多专业人士来说也是如此，他们很容易在表达中把一个概念和意思复杂化。

做到通俗易懂的关键，就是在表达中多使用**类比**。

类比是一种常见的修辞手法，通过将两个不同领域或概念之间的相似性进行比较，以帮助解释、说明或强调某个观点或概念。它通常使用具体的比喻，比如“A 就像 B”或“就像 X 和 Y 一样”，来将一个陌生或抽象的概念与一个更为熟悉的事物进行联系。

举个例子，假设我们要解释血脂高会导致血管栓塞这个问题，可以将血管比作水管。如果水管中长时间流动着浑浊的、带有泥沙的水，就可能形成水垢沉积在水管壁上，使水管变窄、流量变小，有时还会有水垢掉下来，将已经变窄的水管堵死。血脂高就是血管的血液浓稠了就像带泥沙的水，会导致血管栓塞。

类比的好处还有很多，我们来看看 ChatGPT 的理解：

请给我简单描述一下什么是类比，以及使用类比在演讲表达中的好处。

类比是一种修辞手法，通过将两个不同领域或概念之间的相似性进行比较，以帮助解释、说明或强调某个观点或概念。它通常使用具体的比喻，比如“A 就像 B”或“就像 X 和 Y 一样”，来将一个陌生或抽象的概念与一个更为熟悉的事物进行联系。

在演讲表达中，使用类比可以带来多种好处：

（1）增强理解：类比将抽象的概念转化为更具体、易于理解的形象，帮助听众更好地理解和关联你的观点。

（2）激发想象：通过将某个主题与生动的图像或情景进行比较，类比能够激发听众的想象力，使他们更深入地思考你的话题。

（3）建立共鸣：合理的类比能够在听众心中建立共鸣，让他们能够在自己的经验中找到相似之处，从而更容易接受和认同你的观点。

（4）增加说服力：通过将你的观点与已被接受或理解的事物进行比较，类比可以增加你演讲的说服力，因为听众可能会认为，如果两者相似，你的观点可能也是正确的。

（5）简化复杂概念：类比可以将复杂或专业的概念转化为通俗易懂的语言，帮助听众更轻松地理解和记忆关键信息。

（6）提供视角：通过从一个不同的角度看待问题，类比可以帮助听众获得新的洞察力，从而更深入地思考你的主题。

（7）增加幽默和趣味：巧妙运用类比可以为你的演讲增加幽默和趣味，使演讲更加生动有趣。

尽管类比在演讲中具有许多优点，但需要注意的是，类比应该恰当地选用，并确保与主题紧密相关，以免造成混淆或误导。在使用类比时，要确保所选用的比喻或情景对目标听众是有意义的，并且不会引起误解。

其实，我前面解释概念的那段文字，就是 ChatGPT 生成的，这也是一个小技巧。现阶段 ChatGPT 对于概念的解释，是很清晰易懂的。大家在写稿时，如果有概念方面的问题，可以多问问 ChatGPT。当然，我们还需要确定概念的准确性和真实性。

接下来，就可以尝试让 ChatGPT 帮助我们解释一些内容，这里拿“区块链”举个例子。

你知道什么是区块链吗？能否用类比的方式，帮我解释一下区块链是什么？

当解释区块链时，我们可以用一个公共账本的类比来帮助理解。想象一本特殊的账本，它不仅记录了每笔交易的细节，还在每一页的末尾附加一个数字“印章”。这个印章包含了前一页的信息和新交易的摘要。这个账本不仅被复制成多份，而且分发给许多人，这些人就像是账本的“保管员”。

这里有一些类比的关键概念：

（1）公共账本：区块链就像是一个公共账本，记录了交易的发生。这个账本是去中心化的，没有中央控制机构。

（2）交易记录和印章：类似于账本上的交易记录，区块链上每个“区块”中都包含了一些交易信息，以及前一个区块的“印章”，这个印章确保了每个区块的完整性。

（3）多重复本和保管员：区块链是分布在许多计算机上的副本，就像账本复制给了很多保管员。每个保管员都有一个完整的账本副本，并且都需要同意将新的交易添加到账本中。

（4）加密技术：区块链使用加密技术，确保交易和数据的安全性，就像账本上的印章一样，使信息不易被篡改。

（5）去中心化和共识：由于账本的分布和保管员的多样性，区块链是去中心化的系统。为了确保账本的一致性，保管员们需要达成共识，即多数人同意新的交易添加到账本中。

总之，区块链就像是一个分布式的、公共的、不可篡改的账本，记录了交易和信息。通过这个类比，你可以更好地理解区块链的核心概念和运作原理。

这段文字还不够简化，我们继续做一些优化。

可以再解释简洁一些吗？让人一听就懂，文字控制在 100 字之内。

区块链就像是一本不断增长的透明账本，记录了交易和信息。每次交易都被加在一个“块”上，然后链接到前一个块，形成“链条”。这个账本分布在许多计算机上，没有中心控制，确保安全和透明。

通过使用 ChatGPT 工具，我们就可以快速产生大量类比的点子了，后期只要稍作优化，就能用到稿件中。

调用五感，即通过形容详细的场景、气味、声音、味道和触感，在演讲中创造更丰富的画面，激发听众的感官体验，让听众感觉置身其中，增强演讲的生动性和亲近感，使听众更深入地参与和理解。

这种方法有助于加强听众与演讲内容的情感连接，使他们更容易被吸引并投入演讲中。

在平时的演讲辅导中，特别是在描述细节的部分，我通常会主动引导学员写作有关“五感”的句子，这需要文笔好和有一定的知识积累。对于某些学员来说，这存在一定的困难，但现在有了 AI 工具，可以让它快速生成相应的句子。

首先，输入提示词，让 ChatGPT 按表格的形式帮我们做整理。

请给我举一些演讲中有关“五感”语句的例子，用表格的形式输出，包含序号、感觉种类、例句、特点与适用范围。

序号	感觉种类	例句	特点与适用范围
1	视觉	在夕阳的余晖下，大海波光粼粼，金色的沙滩延伸至远方	创造清晰的画面，适用于描绘场景和景色
2	听觉	这个城市从清晨的鸟鸣声到夜晚的车流声，永不停息	制造声音的氛围，适用于传达环境、情感或氛围
3	味觉	这道菜的香气扑鼻而来，像是一片花园的味道在口中绽放	使用味道的比喻，适用于描述食物、氛围或情感
4	嗅觉	雨后大地的气息弥漫在空气中，清新而令人愉悦	引发嗅觉感知，适用于描绘气味、情感或记忆
5	触觉	在阳光下，细腻的绒毛像丝绸一样轻柔地触摸肌肤	创造触感体验，适用于描写质地、触感或情感

这些例子可以帮助你更好地理解如何在演讲中运用有关“五感”的语句，以创造生动、感性的表达，让听众更深刻地体验你的演讲内容。

让 ChatGPT 学习后，我们通过设定一个场景，让 ChatGPT 按照“五感”的形式提供素材：

我要写一篇演讲稿，其中有个段落是上台后紧张的感觉，请从“五感”方面描述一下我当时的感觉，要求语言自然、简洁得当，语句可以直接用在演讲稿中。

当我踏上舞台，“五感”就瞬间变得敏锐起来。视觉上，聚光灯的刺眼光芒将我笼罩，舞台仿佛扩大了数倍，人群的目光如磁铁般牢牢吸引。听觉中，心跳的声音如鼓点般响起，似乎整个大厅都能听到。嗅觉中，微风中弥漫着一股微妙的紧张气息，让我感受到一种不同寻常的氛围。味觉中，嘴巴有些发干，仿佛紧张和期待融合成了一种奇特的滋味。触觉中，双手微微颤抖，仿佛紧绷的弦终将被释放。在这五感的共振下，我意识到我正迎接一次难忘的挑战，紧张的情绪伴随着激动，使我充满了动力和勇气。

有时候，ChatGPT 的输出有些死板，继续优化提示词：

在以上描述中，视觉、听觉等词汇可以不出现，请语句描述更加自然真实一点。

我登上舞台，感觉自己仿佛置身于明亮的聚光中，所有人的目光都聚焦在我身上。心跳声嗡嗡作响，仿佛在提醒我这一刻的紧张。微风中似乎带着一股特殊的紧张气息，让我不由自主地深吸了一口气。嘴巴稍稍有些干涩，似乎预示着这次演讲的重要性。我的双手微微颤抖，仿佛在表达我内心的不安和兴奋。这种感觉真实而强烈，让我深刻地感受到了上台的紧张和挑战。

这个时候，我们得到了基本素材，只要稍作修改，就可以用到演讲稿中。

排比对仗，也是演讲中常用的修辞手法，通过重复相似的词语、短语或句子结构，增强语言的韵律感和节奏感，让演讲更富有表现力和吸引力。排比强调了相似之处，对仗则强调了对立或平衡。合理使用这些技巧可以让你的演讲充满气势，更易于听众理解和记忆。

排比和对仗的类型有很多，我们可以让 ChatGPT 直接整理出相关类型：

请给我举一些演讲中排比对仗语句的例子，用表格的形式输出，包含序号、排比对仗种类、例句、特点与适用范围。

序号	排比对仗种类	例句	特点与适用范围
1	同构排比	我要努力、拼搏、奋进，追求梦想、创造价值、成就人生	用于强调一系列类似的动作、行为或价值观
2	对仗排比	春花秋月，夏日冰凉；青山绿水，白雪皑皑	通过对仗词语的反复出现，增强语言的平衡感和对比感
3	等位排比	她是我的朋友、导师、姐妹、无私的支持者	列举一系列同等重要的角色或身份，突出多重身份的影响
4	反问排比	我们是在生活中学习，还是在学习中生活	使用反问句结构进行排比，引发听众思考和共鸣
5	对立排比	在成功的道路上，我们可能会遭遇失败；在光明的背后，可能会隐藏黑暗	强调对立面，突出事物的复杂性或矛盾性

这些排比对仗的例子可以帮助你更好地理解如何在演讲中运用这些修辞手法，以增强语言的表现力、吸引力和说服力。不同的排比对仗方式适用于不同的演讲主题和情境，你可以根据需要选择合适的方式来丰富你的演讲内容。

继续让 ChatGPT 整理更多的类型：

还有更多的排比对仗类型吗？请继续补充。

当然，还有许多其他的排比对仗类型可以在演讲中使用。以下是一些额外的排比对仗类型及其例子：

序号	排比对仗种类	例句	特点与适用范围
1	倒装排比	不是我选择了挑战，而是挑战选择了我	通过倒装句结构强调主语，增强语言的冲击力和吸引力
2	强调排比	每个人都可以做出选择，每个选择都会影响未来	通过重复强调同一词语，加强语句的表现力和说服力

（续）

序号	排比对仗种类	例句	特点与适用范围
3	叠词排比	她笑眯眯地走来，轻轻地拍了拍我的肩膀，然后温柔地说道	通过叠词强化描述，增强场景的生动感和细节感
4	递进排比	我们从忍受到坚持，从坚持到超越，从超越到创造	表示逐步递进或升华，适用于强调发展、进步或变化
5	比喻排比	生活就像一本书，每一页都是新的篇章，每个人都是其中的角色	通过比喻排比，将抽象概念与具体图像联系，丰富表达

这些排比类型可以根据不同的演讲需求和目标来选择使用，帮助你更好地传达你的观点，并使演讲内容更加丰富、生动、有力。

演讲中，在情绪升华部分，通常都会用到排比对仗。通过输入一段提示词，我们让 AI 输出一段主旋律演讲片段：

我要写作一篇主旋律演讲稿，其中一个部分需要歌颂前线官兵抗洪抢险救灾的感人事迹，请使用叠词排比的形式帮我写一段。

在洪水的威胁面前，前线官兵毅然投身，逆水行舟、顶风冲锋，舍小家顾大家，用无私的付出谱写出感天动地的英雄篇章。他们穿越洪水，忍受狂风，舞动生命之舟，划破危机之波，一次次超越自己，一次次超越困难，用坚毅的意志，用坚韧的拼搏，用坚强的臂膀，守护着每一寸土地，守护着每一个家园。他们是无畏的勇士，是坚韧的战士，是生命的守护者，是人民的脊梁，他们的付出，如同燎原之火，燃烧着希望，点亮了未来，谱写出人间最美的凯歌！

可以看到，我们有了 AI 工具的帮助就能得到很多排比和对仗的句子。

4.6　视觉：PPT 要怎么做演讲效果才会好

在演讲中，PPT 的作用更多的是视觉辅助，而不是主导。

演讲是说出来的，为了让听众更好地去听，演讲中的 PPT 一定不能喧宾夺主。

但俗话说："文不如表，表不如图。"好的 PPT 设计、恰当的视觉辅助，确实能起到增光添彩、画龙点睛的作用。

ChatGPT 工具既然能起到好帮手的作用，我们就问问 ChatGPT，演讲中 PPT 的使用有何建议。

你是一名演讲大师，请问演讲中 PPT 要怎么做，效果才会好？

当涉及制作演讲用的 PPT 时，以下是一些建议，可以帮助你制作出令人印象深刻、有说服力的演讲 PPT：

（1）简洁明了的布局：PPT 的布局应该简单清晰，每页内容不宜过多。使用一至两种字体，保持一致性。标题大而醒目，正文文字不宜太小，以确保观众能够轻松阅读。

（2）重点突出：使用粗体、颜色或其他方式强调演讲中的重点信息。这有助于引起观众的注意，使他们能够更好地理解你的要点。

（3）图像和图表：使用图片、图表和图形来说明你的观点。视觉元素可以更直观地传达信息，增强观众的理解和记忆。

（4）少量文字：避免在 PPT 上写过多的文字。用简短的短语、关键词或主要观点来表达信息，而不是完整的句子。演讲者应该通过口头表达来解释和展开这些点。

（5）流程和结构：使用序号、箭头或其他指示符号，帮助观众理解演讲的流程和逻辑结构。这可以帮助他们更好地跟随你的演讲。

（6）一致的风格：保持整个 PPT 的风格一致，包括颜色、字体和背景。这有助于创建专业、统一的外观。

（7）幻灯片数量：幻灯片的数量应该适中，不要过多也不要过少。保持信息的密度适中，以便在时间允许的情况下详细阐述每个观点。

（8）故事性内容：尝试将演讲内容包装成一个故事，这有助于引起观众的兴趣并增强信息传递的效果。

（9）动画和转场效果：使用动画和转场效果来引导观众的注意，但不要过度使用。动画应该有助于解释内容，而不是分散注意力。

（10）反复练习：在制作 PPT 的同时，反复练习你的演讲。确保 PPT 的内容和你的口头演讲相互补充，而不是重复。

（11）配合演讲：PPT 应该是你演讲的辅助工具，而不是主要焦点。你的演讲技巧和表达能力是吸引观众的关键。

（12）观众需求：考虑你的观众是谁，他们的需求和背景是什么。根据他们的兴趣和水平，调整 PPT 的内容和风格。

（13）反馈和调整：在练习演讲时，寻求他人的反馈，并根据反馈进行必要的调整。这有助于提高你的演讲和 PPT 的质量。

总之，好的演讲 PPT 应该与你的演讲内容相互补充，帮助你更清晰地传达信息并增强观众的理解。记住，演讲是关键，PPT 只是辅助工具。

ChatGPT 给出了以上 13 点建议，总结非常全面。总体来说，演讲的 PPT 应该少用文字，突出重点，核心内容应当由演讲者讲出来。

在辅导学员过程中，我通常会让他们采用**目标分析、结构梳理、**

确定风格、**内容填充**和**练习调整** 5 大步骤做 PPT。

首先是**目标分析**，就是在演讲时，先确定演讲的目标，由于在前文中已有强调，这里就不再赘述。举个例子，假设你们公司最近正在推行新的绩效制度，但遭到员工的集体反对，你需要给领导做一个工作汇报演讲。这里的演讲目标就是提出新的可行性方案，说服领导并推动工作的进展。这是个偏重于说服型的演讲。

做 PPT 的第二个关键点就是**结构梳理**。

很多演讲者的习惯是，有大致构思后，就开始一页一页地做 PPT 了。

但我的建议是，先梳理 PPT 结构，并细化到每一页，一开始就要有一个清晰的体系和布局。

接上面的案例，你需要向领导汇报，调整相关的制度，并在符合领导要求的情况下，更好地推行新制度。这个时候，你需要做一个工作汇报演讲，并制作 PPT 进行汇报。你的 PPT 应该如何设计呢？

根据以上需求，在工作汇报的第一个部分，你应使用 SCQA（背景 – 冲突 – 问题 – 答案）结构，引出当前的问题，并给出制度试行、员工培训、意见收集和正式实行的实施路径。在设计 PPT 时，你可以先梳理出 PPT 结构如图 4-1 所示。

结构梳理清楚后，你就应当**确定风格**。对这个案例来说，PPT 的风格应尽量趋向于商务风，以简洁为主，配色不超过三种。

内容填充一步，你就可以按照图 4-1，填入相关内容、数据、案例等。

最后一步是**练习调整**，你可以根据具体情况，有针对性地调整 PPT 的页数和细节内容。

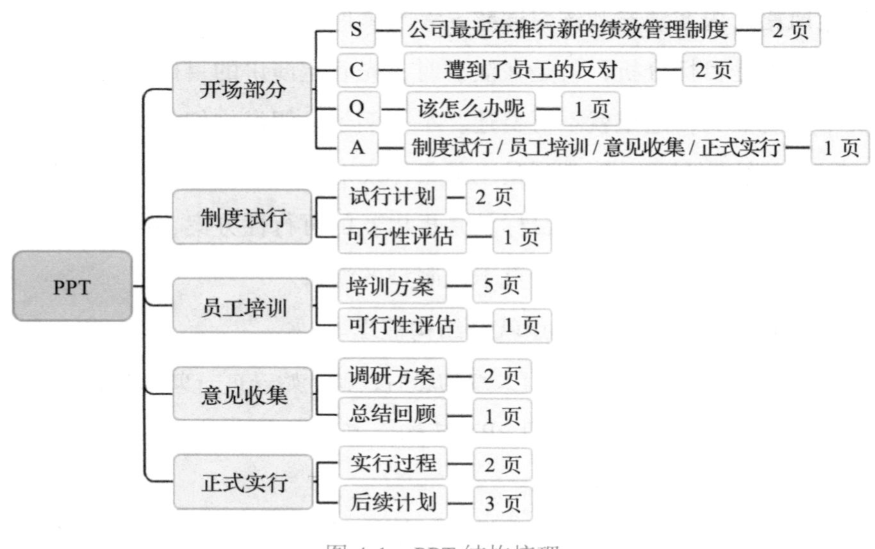

图 4-1　PPT 结构梳理

以上就是准备演讲 PPT 的 5 大步骤。下面通过给 ChatGPT 提示词，快速完成 5 大步骤的基础工作，极大地提高效率。相关演示如下：

你是一位专业演讲教练，我们公司最近正在推行新的绩效制度，但遭到员工的集体反对。我现在需要给领导做一个工作汇报演讲，目标是提出新的可行性方案，说服领导并推动工作的进展。我的汇报分为 5 个部分：第一个部分开场，我准备使用 SCQA（背景 – 冲突 – 问题 – 答案）结构；第二个部分为制度试行（包含试行计划和可行性评估）；第三个部分是员工培训（包含培训方案和可行性评估）；第四个部分是意见收集（包含调研方案和总结回顾）；第五个部分是正式实行（包含实行过程和后续计划）。请按照以上结构帮我梳理一个工作汇报的 PPT 结构，并适当补充相关内容，请用表格的形式输出，表格应包含序号、内容部分、详细内容部分及建议页数。

当然可以！以下是你的工作汇报 PPT 的结构，按照你提供的五个部分进行划分，我也在每个部分中添加了详细内容和建议的页数。请注意，实际的内容可以根据你的具体情况进行调整和扩充。

序号	内容部分	详细内容部分	建议页数
1	开场	问题背景：介绍公司目前的绩效制度状况和员工反对的情况 冲突：阐述为何员工对新制度表示反对 问题：明确公司面临的挑战和需要解决的问题 答案：提及你的新可行性方案以解决问题	1 页
2	制度试行	试行计划：详细描述新绩效制度的试行计划，包括时间表、参与部门、沟通策略等 可行性评估：列出试行后的预期效果和成功标准，如提升绩效、员工满意度等，并对比现行制度	2 页
3	员工培训	培训方案：阐述为员工提供适应新制度所需的培训计划，包括培训内容、形式（培训课程、研讨会等）、培训者等 可行性评估：说明培训后员工能力提升的预期结果，是否能顺利适应新制度	2 页
4	意见收集	调研方案：概述如何收集员工意见，可以是问卷调查、小组讨论等，突出员工参与的重要性 总结回顾：总结之前阶段的进展，汇报员工的反馈意见，说明后续改进计划	1 页
5	正式执行	实行过程：描述正式推行新绩效制度的步骤，包括沟通发布、监控措施、问题解决途径等 后续计划：展望新绩效制度的长期效果，提及进一步优化和发展的计划	1 页
总	总结 / 提问时间	总结汇报的主要内容，强调新方案的可行性和改进空间 为领导准备提问时间，准备回答可能的疑虑或问题	1 页

请注意，上述的页数仅供参考。实际上，每个部分的详细内容可能需要更多或更少的页数，具体取决于你的演讲风格、内容的详尽程度，以及你需要展示的图表、数据等。在制作 PPT 时，确保清晰、简洁地传达每个部分的关键信息，并使用合适的视觉辅助工具来支持演讲。

对于以上内容，你有 PPT 设计风格方面的建议吗？请结合演讲目标及内容，把相关设计风格建议补充在以上表格里。

当设计 PPT 的风格时，需要考虑演讲的目标、受众以及内容的重要性。以下是针对每个部分的 PPT 设计风格建议，已补充在之前的表格中：

序号	内容部分	详细内容部分	建议页数	设计风格建议
1	开场	问题背景：简洁但引人注意的图表或幻灯片背景，突出当前绩效制度问题的数据 冲突：使用引人注目的图像或图表，强调员工反对的情况 问题：清晰呈现公司面临的挑战 答案：使用渐进式揭示，以引起观众兴趣	1 页	深色主题，强调问题背景和挑战，逐步揭示解决方案，使用大标题和简洁的文字
2	制度试行	试行计划：时间轴式的图表展示试行计划，结合图标或示意图 可行性评估：使用图表对比现行制度和预期效果，强调改进的重要性	2 页	使用明亮的颜色展示时间轴和图表，突出新制度的优势，使用简洁的图标和可视化元素
3	员工培训	培训方案：以流程图或列表展示培训计划，结合图片呈现培训内容 可行性评估：使用滑动比较效果展示员工培训前后的能力提升	2 页	渐变色背景，醒目的图标和流程图，展示培训的步骤和重要内容；使用动态元素展示能力提升的对比
4	意见收集	调研方案：展示问卷样本或调研过程中的照片，强调员工参与的广泛性 总结回顾：使用图表呈现调研结果，结合简洁文字总结反馈意见和改进计划	1 页	温暖的色调，展示员工参与感；使用实际照片和问卷图表，强调员工反馈的重要性，突出可行性的依据
5	正式执行	实行过程：使用过程图示或流程图展示新制度的推行步骤 后续计划：使用渐进式揭示，突出长期效果和进一步的发展计划	1 页	清晰的流程图，突出实行的步骤；使用渐进揭示展示后续计划；使用明亮的颜色呈现改进和发展
总	总结 / 提问时间	总结汇报的主要内容，强调新方案的可行性和改进空间 为领导准备提问时间，准备回答可能的疑虑或问题	1 页	简洁明亮的设计，强调汇报的主要信息，突出解决方案的优势，为提问时间留出明显的部分，显示你的准备和自信

这些设计风格建议旨在帮助你通过视觉元素增强演讲的效果，使你的 PPT 更具吸引力和表现力。当然，最终的设计风格应根据你的公司文化、个人风格以及受众偏好来进行调整。

请结合我的演讲目标，在以上表格中补充每页的详细内容。

当然，我可以为每一页补充更详细的内容描述。以下是根据你提供的信息，对每页的详细内容进行了补充：

开场 1 页：

- 问题背景：展示公司绩效制度的现状，如绩效评估方式、结果和员工满意度数据。强调当前制度引发的问题，如员工的不满和绩效下降。
- 冲突：使用图表或图像呈现员工的反对情况，可能包括示威图片或统计数据，突出问题的严重性。
- 问题：明确指出员工反对的主要原因，如不公平的评估标准、激励不足等。表达公司需要解决的关键挑战。
- 答案：简要介绍你的可行性方案，包括新的绩效制度的核心要点，如更公平的评估标准、更有激励性的奖励体系等。强调解决问题的重要性。

制度试行 2 页：

- 试行计划：详细列出新制度的试行计划，包括开始和结束日期、参与部门、实施阶段、培训计划等。使用时间轴和图标突出每个阶段的重要性。
- 可行性评估：使用柱状图或雷达图对比现行制度和预期效果，如员工绩效提升、满意度提高、绩效分布更均衡等。强调新制度的优势。

员工培训 2 页：

- 培训方案：以流程图或列表呈现培训内容，包括新制度的核心要点、如何适应变化的技能等。使用图片展示培训场景，增强可视性。
- 可行性评估：使用动态图表展示员工培训前后的能力提升，如绩效得分变化、解决问题的效率提高等。强调培训的积极影响。

意见收集 1 页：

- 调研方案：展示调研方法，如员工问卷、焦点小组讨论等。使用照片或图标展示实际调研场景，突出员工参与的重要性。
- 总结回顾：使用图表汇总员工的反馈意见，如满意度、建议改进的主要方向等。简洁总结反馈内容，说明公司在听取员工意见上的努力。

正式执行 1 页：

- 实行过程：使用过程图示或流程图展示新制度的推行步骤，如沟通发布、培训、监测和反馈循环等。突出推行的有序性和关键步骤。
- 后续计划：逐步展示长期效果，如员工绩效提升、员工满意度稳定增加等。强调公司在持续优化制度和未来发展方向上的承诺。

总结 / 提问时间 1 页：

- 总结：简洁地总结演讲的主要内容，强调新方案的可行性和改进空间。使用精炼的文字和渐变色背景。
- 提问时间：为领导提出可能的疑虑或问题，准备好回答。在页面中留出明显的部分，以便在演讲时回应提问。

每页的内容应该在演讲中有所呼应，用简洁但强有力的语言来概括主要观点。同时，使用图表、图像和视觉元素来支持你的讲话，让观众更容易理解和记住你的信息。

本章探讨了演讲中更高阶的工具箱，好的演讲应该兼具影响、故事、说服、幽默等功能，理解底层逻辑，学会运用这些功能，并结合恰当的语言风格，做好 PPT 等视觉辅助，演讲就能有更强大的效果。同时，我们可以通过精准的提示，让 AI 更好地帮助我们实现相应的演讲目标。

本章要点：

1. 演讲有三种重要作用，分别为影响、说服和幽默。
2. 演讲有三种高阶技能，分别为讲好故事、雕琢语言以及视觉辅助。
3. 说服的关键有 4 点，分别为：目标点、需求点、连接点及情绪点。
4. 幽默段子的常见公式为：笑点（段子）= 铺垫 + 包袱。
5. 好故事 = 清晰的背景 + 鲜活的人物 + 意料之外的转折 + 有价值的感悟。
6. 走心的语言设计，需要做到结构清晰、通俗易懂、调用五感、排比对仗。

思考及练习：

1. 结合本章介绍的 4 点模型，让 AI 工具生成一篇说服型演讲稿。
2. 按照本章介绍的段子公式和优化方法，让 AI 工具生成一个幽默段子。
3. 按照本章介绍的故事公式，让 AI 工具写一个故事，主题自拟。
4. 参考本章的提示词，让 AI 工具设计一句类比描述。

Artificial Intelligence, AI

CHAPTER 5

第 5 章

巧讲：收好演讲 AI 工具包，随时随地秒变演讲达人

在生活中，演讲可谓是无处不在。面试、自我介绍、即兴发言、工作汇报、路演、论文答辩、开会等场景，都会用到演讲的方法和技巧。每一次公众表达都是展示自我、提升自身影响力、赢得更多机遇的机会。

在这一章中，我将结合 AI 工具，分享**即兴演讲**、**自我介绍**、**工作汇报**、**路演招商**、**面试竞聘**、**展示分享**和**演讲比赛**七大常见场景的演讲思维和技巧。

5.1　即兴演讲：1 个方法轻松应对各种演讲场合

在生活和工作中，处处都是即兴演讲。课堂、会议、汇报、答辩、交谈、陈述等场景，都需要即兴发言和演讲，而即兴演讲通常是大家较害怕的演讲形式。因为即兴演讲的题目和要求在演讲前是未知的，而人类对于未知的事物，总是心怀恐惧，更不用说要在短时间内组织起清晰的逻辑和语言了。

有什么办法，可以快速提升我们的即兴演讲能力，让我们即使是被突然点名演讲，也能自信面对，侃侃而谈呢？

给大家分享一个我的案例。

2018 年，我进入 Toastmasters 世界英语演讲比赛中国区的总决赛。

这是一场即兴英语演讲比赛。选手被告知演讲题目后，需要马上做一个 3 分钟的英语即兴演讲，没有任何准备时间。为了保证公平，所有选手回答的都是同一个问题。抽签完成后，选手们会被带进同一间屋子，并按照抽签顺序，逐一离开房间，上台参赛。

最终，因为稍微超时，我没能进入当年中国区的前 3 名。参加总决赛的 6 名选手中，有来自英国、印度、中国香港及中国澳门的，我是唯一一名中国内地的。能够通过 5 关，在非母语的即兴演讲比赛中拿到这样的成绩，我也非常满意。我经常参加即兴演讲比赛，并且辅导过上千名选手参加各类即兴演讲比赛，他们大部分能取得良好的成绩。这背后，其实是有一套方法的。

这套方法被我称为：**"万能语料法。"**

即兴演讲之所以难，是因为大家觉得它是即兴的，没有准备。

但我认为，**即兴演讲应该是准备最充分的演讲**。

只有做足日常的准备，才能在关键时刻心不慌，滔滔不绝，出口成章。

但问题来了，即兴演讲和发言的题目与内容是不确定的，怎么知道应当准备什么呢？

日常即兴演讲的话题，其实并不多，细究起来只有三点，分别为：

（1）和自己有关的话题。

（2）和他人有关的话题。

（3）和社会有关的话题。

和自己有关的话题，一般会出现在自我介绍、面试、开会等发言中，可能会被突然点名，让讲一讲关于自己的事情和故事。

和他人有关的话题，一般是针对他人的观点、想法，提出自己的建议和意见，需要即兴陈述自己对于某种问题的看法和观点。

和社会有关的话题，一般是针对一个较为深刻的话题，提出自己独特的想法，并且发表较为系统的观点。

但无论如何，我们的演讲内容，一定是紧扣某个主题和观点的，也就是我在第三章中提到的永恒价值观。

所谓“**万能语料法**”，就是整理出几个积极正面的核心价值观，并且配套准备一些相关的语料。语料可以是观点、故事、金句，以及演讲的逻辑结构。当被问到任何题目时，我们都可以把内容绕回已准备好的语料上，自然就能得心应手，口若悬河了。

例如，你抽到一个演讲题目“永远不要说再见”。

可以选择的主题有坚持、努力、诚实等。

如果是坚持，你可以分享一个自己永不放弃、坚持的故事，然后告诉大家，我们永远不要放弃，永远不要和自己的目标说再见。

如果是努力，你可以谈一个关于自己持续努力的故事，通过努力，终于实现了自己的梦想，永远不要说再见。只要努力，你永远不知道自己有多优秀。

如果是诚实，你可以讲关于诚信的故事，最后总结出，只要我们诚实守信，做事先做人，永远不要因为一些诱惑和挫折就和诚信说再见，就能获得想要的结果。

你会发现，很多主题是放之四海而皆准的。只要通过一定时间的科学训练，即使是不同的题目，也能绕回你准备好的话题上去。

这也是我能带出很多演讲冠军和优秀演讲选手的原因。通常，我会提前挖掘学员的经历和故事，和学员一起准备和打磨即兴语料，并用科学的方法训练他们，让他们在赛场和其他场合都能快速把话题切换到自己熟悉的内容上去，从而达到良好的即兴表达效果。

现在有了 AI 工具，做起准备来更是事半功倍，我们可以把之前的话题部分设计为提示词，让 ChatGPT 给我们一些思路，提问如下：

你是一名即兴演讲大师。即兴演讲应该是准备最充分的演讲。只有做足日常的准备，才能在关键时刻，心不慌，滔滔不绝，出口成章。日常即兴演讲的话题，其实并不多，细究起来只有三点，分别为：

（1）和自己有关的话题。

（2）和他人有关的话题。

（3）和社会有关的话题。

和自己有关的话题，一般会出现在自我介绍、面试、开会等发言中，可能会被突然点名，让讲一讲关于自己的事情和故事。

和他人有关的话题，一般是针对他人的观点、想法，提出自己的建议和意见，需要即兴陈述自己对于某种问题的看法和观点。

和社会有关的话题，一般是针对一个较为深刻的话题，提出自己独特的想法，并且发表较为系统的观点。

请帮我总结一些通用的话题，并按照以上分类，用表格的形式输出。

ChatGPT 的回答为：

当涉及即兴演讲，你提到的三类话题确实是常见的情况。下面我为你总结了一些通用性的话题，并按照你提到的分类，用表格形式进行输出：

类别	话题
与自己有关	1. 我的成长经历与教训
	2. 我的兴趣爱好与特长
	3. 我的职业规划和目标
	4. 我的人生信念和价值观
	5. 我的个人挑战和战胜困难的经验
与他人有关	1. 与朋友或家人的美好回忆
	2. 对某个同事或朋友的赞赏和感谢
	3. 合作中的沟通与解决冲突的案例
	4. 对某位领导或名人的启发和学习
	5. 对某本书、电影或事件的评论
与社会有关	1. 环境保护与可持续发展
	2. 科技对社会的影响与未来展望
	3. 教育体制的改革与创新
	4. 社会公平与人权问题
	5. 社会关注的热点事件和社会现象

这些话题可以作为基础，根据具体情况进行扩展和调整。在平时的练习中，可以选择一些话题进行即兴演讲，以增强你的准备和表达能力。记住，不断地练习和准备可以让你在关键时刻表现得更加从容和出色。

接下来，继续提问 ChatGPT，让它给出针对主题的具体建议：

即兴演讲内容，一般是紧扣某个主题和观点的，即永恒价值观，如坚持、勇气、诚实等。有一种即兴演讲方法，叫“万能语料法”，就是整理出几个积极正面的核心价值观，并且配套准备一些相关的语料。语料可以是观点、故事、金句，以及演讲的逻辑结构。当被问到任何题目时，我们都可以把内容绕回已准备好的语料上，自然就能得心应手，口若悬河了。例如，你抽到一个演讲题目“永远不要说再见”。

可以选择的主题有坚持、努力、诚实等。

如果是坚持，你可以分享一个自己永不放弃、坚持的故事，然后告诉大家，我们永远不要放弃，永远不要和自己的目标说再见。

如果是努力，你可以谈一个关于自己持续努力的故事，通过努力，终于实现自己的梦想，永远不要说再见，只要努力，你永远不知道自己有多优秀。

如果是诚实，你可以讲关于诚信的故事，最后总结出，只要我们诚实守信，做事先做人，永远不要因为一些诱惑和挫折就和诚信说再见，就能获得想要的结果。请用列表的形式，帮我列出 5 种常见的主题及和主题配套的分享故事，以及给出如何绕回即兴题目（即兴题目可以是任何题目）的建议。

ChatGPT 按照主题分类，给出了具体的建议：

下面是 5 种常见的主题及和每个主题配套的分享故事，以及如何绕回即兴题目的建议，以示范“万能语料法”的运用：

1. 坚持

- 故事：分享一个你曾经面临困难但坚持不懈的经历，克服困难最终取得成功的故事。
- 如何绕回即兴题目：不论题目是什么，强调在面对困难时坚持和毅力的重要性，以及通过坚持实现目标的例子。

2. 努力

- 故事：讲述一个你通过持续努力和不懈奋斗，最终实现目标的故事。
- 如何绕回即兴题目：无论题目如何，强调努力和奋斗的价值，说明通过努力可以战胜困难并取得成功。

3. 诚实与诚信

- 故事：分享一个关于诚实与诚信的故事，可能是你选择诚实面对困境，或者通过诚信取得信任的经历。
- 如何绕回即兴题目：无论题目是什么，强调诚实和诚信的重要性，用故事说明诚实与诚信对于个人和社会的积极影响。

4. 勇气

- 故事：讲述一个你在面对恐惧、困难或不确定性时展现出勇气的经历。
- 如何绕回即兴题目：无论题目如何，强调在面对挑战时需要勇气，以及通过勇气克服障碍的实际例子。

5. 希望与乐观

- 故事：分享一个你曾经在困境中保持乐观，以及如何通过积极的心态找到希望的经验。
- 如何绕回即兴题目：不管题目是什么，强调保持积极乐观的态度对于克服困难和实现目标的重要性。

以上的方法可以帮助你在任何即兴演讲场合中，灵活地运用已准备好的核心价值观、故事和观点，使你的演讲更加自信和有说服力。

即兴演讲的要求可能是结合一幅画的内容发表一段演讲。结合“万能语料法”，ChatGPT 的输出为：

如果即兴演讲要求结合一幅画的内容发表一段演讲，画上描述了两个小朋友，在一起画画，请结合坚持的话题，以及以上内容，帮我编一段 1 分钟的即兴演讲内容。

朋友们，看到这幅画，我想到了一个深刻的话题——坚持。画中的两个小朋友正在一起画画，他们的笑脸透露着无限的童真和快乐。我们从他们身上能学到很多关于坚持的重要教训。

记得有一次，我也曾遇到过类似的情景。就像画中的小朋友一样，我和我的朋友也曾经坐在一起，尝试绘画。起初，我并不太擅长绘画，画出来的东西总是不够理想。但我没有放弃，我坚持练习，每天画上一点点，虽然进展缓慢，但我意识到，只有坚持下去，才能看到自己的进步。

回顾那段日子，我想到了许多和坚持有关的价值观。我想到了努力和持之以恒的重要性。正如我当时不断尝试提升绘画技巧，这两个小朋友也在一幅幅的画面中体会到了成长和进步的喜悦。他们的坚持不仅让他们的画作更加美丽，更重要的是，这种坚持在心灵上也带来了更多的自信和勇气。

无论我们面临什么挑战，都应该像这幅画中的小朋友一样，坚持不懈。无论是学习、工作还是追求梦想，坚持都是通向成功的关键。就像我不断练习绘画一样，只有通过坚持，我们才能逐渐变得更好，创造出更美好的未来。让我们怀揣着坚持的信念，勇往直前，不断追求成长和进步。谢谢大家。

把题目（画）做替换，ChatGPT 依然可以用相似的语料回答：

如果即兴演讲题目是另外一幅画，画上是一间房子和两个脚印，请结合坚持的话题，还是利用以上故事，帮我编一段 1 分钟的即兴演讲内容。

朋友们，让我们一起来欣赏这幅画。画中的房子和两个脚印，让我不禁想到了坚持这个重要的话题。

就像那间房子一样，每个人都有自己的目标和梦想，而脚印则代表着我们走向梦想的道路。在人生的旅程中，坚持是一种不可或缺的力量。回想我刚开始练习绘画的时候，每一次的努力都是一次脚印，每一次的练习都是一次向梦想迈进的坚实步伐。那些脚印虽然微小，却铺就了成功的道路。

这幅画也让我想起了那两个小朋友，他们坐在一起画画，一步一步地绘制出美丽的作品。正是因为他们的坚持，他们才能够在绘画的旅途中取得进步和成就。无论是在绘画上，还是在人生中的其他领域，坚持都是克服困难、实现目标的关键。

在我们追寻梦想的过程中，可能会遇到各种困难和挑战。但请记住，正是这些脚印，正是这种坚持，让我们能够越过障碍，走向成功的彼岸。无论前方的道路有多漫长，只要我们保持坚持，每一步都是离梦想更近一步的距离。

朋友们，让我们在追逐梦想的路上，牢记坚持的力量。就像那间房子和脚印一样，我们可以在每一步脚印中感受到成长的喜悦。谢谢大家。

我们还可以用其他主题的语料，让 ChatGPT 回答同一个即兴演讲问题：

如果主题换成希望和乐观呢？还是以上房子和两个脚印的画，帮我编另外一段 1 分钟的即兴演讲内容。

朋友们，让我们再次聚焦在这幅画上。房子和两个脚印，对我来说，象征着希望与乐观。

当我们看到这间房子，我们可以将其视为我们的梦想之家。而那两个脚印，则代表着我们踏上实现梦想的道路。在这个旅程中，希望和乐观是我们最好的伙伴。正如我刚开始学习绘画时，每一次的尝试都是一次前进的机会，每一步都是实现梦想的可能。

我们都曾经历过低谷和挑战，但正是希望让我们坚持不懈。就像那两个脚印一样，无论前方的道路有多么崎岖，我们都可以通过保持乐观的态度，走向光明的未来。在人生的画布上，我们可以用希望和乐观的色彩，为自己创造出美好的画面。

回顾我刚开始学习绘画的时候，或许有过失败和挫折，但正是希望和乐观，让我坚信自己能够不断进步，最终取得成就。无论是绘画还是人生，乐观的态度都会成为我们战胜困难、实现目标的力量。

朋友们，让我们怀揣希望和乐观，踏上前进的脚印。就像那间房子和脚印一样，我们的梦想之家会在坚定的信念下逐渐成为现实。谢谢大家。

我们通过 AI 工具，可以得到相应的思路和想法，再结合自己、他人以及相关社会热点的故事提炼，就可以做出即兴语料，应对各种不同的话题。当然，如果要熟练掌握**“万能语料法”**中语料制作、精炼，以及转换的过程，还是需要科学的训练的。

5.2　自我介绍：3 点打造令人印象深刻的自我介绍

自我介绍是最常见的演讲形式。

好的自我介绍，可以让听众快速建立对演讲者的印象，让演讲者赢得听众的好感，也为进一步的交流打下良好的基础。

应当说，自我介绍是演讲表达的第一步，是人际沟通的敲门砖。

听众为什么要听演讲者自我介绍？主要是因为听众希望更好地了解演讲者，建立联系，发现共同点，并在工作、社交或其他方面合作。在这个背景下，让我们来分析一下自我介绍中常见的问题和错误：

听众诉求一：了解演讲者的基本信息。

常见问题和错误：

信息冗长：提供过多无关或不必要的详细信息。

缺乏重点：没有明确地强调关键信息，导致听众无法快速了解。

信息模糊：信息结构混乱，让听众难以厘清。

不清晰的身份定位：没有明确说明自己的职业、背景等，使听众困惑。

听众诉求二：倾听演讲者的故事，建立联系。

常见问题和错误：

缺乏个人化：自我介绍缺乏个人故事，无法引起共鸣。

平淡无味：自我介绍内容过于普通，不生动。

不考虑共同点：忽略与听众可能的共同兴趣，无法建立联系。

听众诉求三：看到演讲者的价值，未来合作和联系的可能性。

常见问题和错误：

过于自负：强调个人成就，显得以自我为中心。

缺乏信心：不敢展示自己的实力和潜力。

未凸显潜在价值：没有提及自己能为他人带来什么价值。

针对以上问题，可以用一个自我介绍的结构来解决。我称之为“MTV”结构。

“MTV”分别是三个英文单词 Me（我）、Thing（事情）和 Value（价值）的首字母。

Me（我）是指演讲者的基本信息，对应听众的第一个述求。听众需要从自我介绍中，了解一些基本信息。介绍基本信息的原则如下：

简明扼要：提供关键信息，如姓名、职业、教育背景，避免过多细节。

明确重点：强调与听众关注点相关的信息，突出独特性。

结构清晰：采用清晰的结构，按照时间线或重要性排列信息。

明确身份：在自我介绍一开始明确自己的身份，为听众提供背景。

在这一部分中，关键是需要设置**记忆点**，让听众容易记住。这里教大家一个方法，叫作**拆字联想法**。

所谓拆字联想法，就是把名字拆开，分别赋予意义，最后结合主题的过程。

举个例子，如果有个人叫作陈锋，他是有责任感，有担当的人，使用拆字联想法，就可以按照以下三个步骤，见表 5-1。

表 5-1 拆字联想法

步骤	步骤名	介绍
1	主题锁定	有责任感，勇于担当
2	拆字联想	陈锋 = “陈”列 + “锋”利
3	拆字结合主题	“陈”代表我的坚定与可靠，愿意勇于展现自己的责任感；“锋”如锋利的刀刃，代表我面对挑战的勇气和担当

他的自我介绍就可以是：

大家好，我叫陈锋，“陈”列的陈，“锋”利的锋。

我们可以把以上语句投喂给 ChatGPT 学习：

自我介绍中有一个方法，叫作拆字联想法，就是把名字拆开，分别赋予意义，最后结合主题的过程。

举个例子，如果有个人叫作陈锋，他是有责任感，有担当的人，使用拆字联想法，就可以按照以下三个步骤：

（1）主题锁定：有责任感，勇于担当。

（2）拆字联想：陈锋 = “陈”列 + “锋”利。

（3）拆字结合主题：这个人不仅是帅哥，而且骨子里是很有担当的人，他的自我介绍就可以是：

大家好，我叫陈锋，“陈”列的陈，“锋”利的锋。

“陈”代表我的坚定与可靠，愿意勇于展现自己的责任感；“锋”如锋利的刀刃，代表我面对挑战的勇气和担当。

是的，我理解了你的解释和例子。拆字联想法是一种创意的方法，通过将名字拆解成有意义的部分，并将这些部分与某种主题或特质联系起来，从而在自我介绍中传达特定的信息或印象。你的例子中，你以陈锋为例，通过拆字联想法，将名字分解成“陈”和“锋”，然后将这两部分与“有责任感”和“勇于担当”这一主题联系起来，强调了他的个性特点。

这种方法在自我介绍中的确可以增加趣味性和独特性，同时也能够更生动地表达一个人的特质。然而，需要注意的是，使用这种方法要确保拆字的意义和联系对听众来说是清晰的，否则可能会导致混淆或误解。另外，也要根据不同的场合和听众来判断是否合适使用这种方法，以确保自我介绍能够达到预期的效果。

我希望 ChatGPT 能继续补充一些自我介绍内容，于是继续补充：

刚才那个案例中，能在之前自我介绍的基础上，帮我补充一些内容吗？让这个自我介绍更清楚。

大家好，我是陈锋，里面有两个字，分别是“陈”和“锋”，其中，“陈”代表我的坚定与可靠，愿意勇于展现自己的责任感；“锋”如锋利的刀刃，代表我面对挑战的勇气和担当，勇往直前，引领方向。正如我的名字，我致力于成为一个有责任感、敢于担当的人。

ChatGPT 学习后，就可以按照这个方法帮我们编写类似的句子。

我有个朋友叫刘德强，请以坚强为主题，用拆字联想法设计他的自我介绍，不超过 50 个字

大家好，我是刘德强，刘字坚韧，德行高远，强者气贯长虹。坚强是我的座右铭，愿与您共同努力，创造美好！

继续优化提示词，避免姓氏的误解：

刘字是姓，不用过多解释，请重新设计以上自我介绍

大家好，我是刘德强。德，是品德高尚；强，是内心坚韧。在追求目标的道路上，我始终秉持着坚强的信念，愿意与大家一同前行，共创未来！

拆字联想法的本质，就是通过和一些意思和声音相近的词建立联系，让听众容易记住，因此，我们还可以衍生出很多别的方法，如：谐音法、谐意法等。

谐音法举例：

大家好，我叫李金明，金子的金，明天的明。当然，你也可以叫我“精明”。我喜欢洞察问题的本质，力求做到事事精明，创造更好的结果。

在这个例子中，通过谐音“精明”来强调聪明才智，既增加了幽默感，又让自我介绍更具吸引力。

谐意法举例：

大家好，我叫平原。大家都知道，平原象征着广阔和稳定，正如我在生活和工作中追求平稳的发展道路。我坚持秉持平静的心态和开阔的视野，愿意与大家一同前行，创造美好未来。

以上方法，我们同样可以让 AI 学习，让它按照对应的方法，帮助我们创作自我介绍。

Thing（事情）是指演讲者身上发生过的事情或故事，对应听众的第二个述求。听众通过倾听故事，更加了解演讲者。讲故事的基本

原则如下。

分享故事：在自我介绍中加入个人经历、趣事，让听众更好地了解你。

生动表达：使用形象的语言，让自我介绍更有趣味性。

寻找共鸣：引入可能与听众共鸣的话题，建立联系和互动。

在这一部分中，关键是需要设置**细节点**，让听众相信你的故事。这里教大家一个方法，叫作**事无巨细法**。

接之前陈锋这个例子，使用**事无巨细法**可以按照以下三个步骤进行，见表 5-2。

表 5-2　事无巨细法

步骤	步骤名	介绍
1	情节（细节）	我是一名文科生，学的是汉语言文学，但转行做了计算机工程师
2	情感	曾经感觉非常迷茫和困惑
3	连接主题	作为两个孩子的父亲，转行让我有了更加稳定的高薪收入，可以承担起自己的责任

陈锋接下来的自我介绍就可以是：

我是一名文科生，学的是汉语言文学，但转行做了计算机工程师。我曾经感觉非常迷茫和困惑，但作为两个孩子的父亲，转行让我有了更加稳定的高薪的收入，可以承担起自己的责任。

通过这段描述，陈锋有担当的形象就树立起来了。

事无巨细法中的关键点是描述故事细节，让故事更可信，人设更立得住。把以上语句“投喂”给 ChatGPT，让 ChatGPT 继续进行补充：

自我介绍有一个方法，叫作事无巨细法，是指介绍者讲述身上发生过的事情或故事，特别是要注意描述细节，让听众相信我们的故事。

接之前陈锋这个例子，事无巨细法可以按照以下三个步骤：

（1）情节（细节）：我是一名文科生，学的是汉语言文学，但转行做了计算机工程师。

（2）情感：曾经感觉非常迷茫和困惑。

（3）链接主题：作为两个孩子的父亲，转行让我有了更加稳定的高薪收入，可以承担起自己的责任。

自我介绍就可以是：

我是一名文科生，学的是汉语言文学，但转行做了计算机工程师。我曾经感觉非常迷茫和困惑，但作为两个孩子的父亲，转行让我有了更加稳定高薪的收入，可以承担起自己的责任。

请按照这个方法，在以上自我介绍的基础上补充一些细节，树立陈锋有担当的人设。

我是一名文科生，热爱汉语言文学，对文字的韵律和深意充满好奇。然而，在一次偶然的机会下，我接触了计算机编程，深深被其无限可能性所吸引，转行成为一名计算机工程师。当时的选择似乎颠覆了我之前的方向，但这个决定也是我自信与决心的体现。

转行的过程充满了挑战和新奇。记得刚开始学习编程时，我常常面对看不懂的代码和棘手的难题。每个夜晚，我都投入了大量时间去钻研，不断探索解决方法。迷茫和困惑曾多次袭击，但我坚信，只要付出努力，终有一天会看到成功的光芒。

而如今，作为两个孩子的父亲，我更加理解责任的分量。我不仅在工作中努力追求技术的进步，也在生活中承担起为人父的责任。转行为我带来了更稳定的高薪收入，让我能够为孩子们提供更好的生活和教育。这个经历让我体会到，担当不仅是为自己，更是为家人、为未来而奋斗的力量。

在我心中，坚韧的信念和勇往直前的决心一直是我的引领之星。我相信，无论遇到什么困难，只要拥有坚强的内心，就能够克服困难，创造更美好的明天。

我们可以看到，通过 ChatGPT 的补充，人物故事显得更鲜活。

Value（价值）是指演讲者有什么特长和优势，对应听众的第三个述求，能给听众带来什么价值和帮助。介绍价值的基本原则如下。

自信谦逊：强调个人成就和能力，但保持谦逊，展现积极的形象。

坚定表达：用坚定的语气表达自己的实力和信念。

突出价值：强调自己能为听众带来的价值，对于成年人来说，尤其应该强调在工作或合作方面能给听众带来的价值。

在这一部分中，关键是需要设置**价值点**，让听众快速记住你的优势和“标签”。这里教大家一个方法，叫作**定位标签法**。

还是举陈锋的例子，使用**定位标签法**可以按照以下三个步骤进行，见表 5-3。

表 5-3　定位标签法

步骤	步骤名	介绍
1	理性（职业）标签	计算机工程师，很擅长编程
2	感性（生活）标签	两个孩子的爸爸，很会教孩子，是个有耐心的好老师
3	扩展标签	计算机工程师里最好的老师，老师里最好的计算机工程师

陈锋的“标签”介绍就是：

请大家记住我，陈锋，计算机工程师，很擅长编程。我还是两个孩子的爸爸，是个有耐心的好老师。可以说，我是计算机工程师里最好的老师，老师里最好的计算机工程师。

通过这段描述，陈锋的人设也就更加清晰了，听众也可以快速记住他的优势和价值所在了。

定位标签法的关键就是标签需要简化，一般不要超过三个，快速好记，最好和在场观众的需求契合。例如，在场有很多家长想了解孩子学习计算机或者编程的信息，那么这个介绍效果就很好。

我们把以上语句“投喂”给 ChatGPT：

自我介绍还有一个方法，叫作定位标签法，即根据自身情况设置一些“标签”，让听众快速记住我们的优势和“标签”。还是用陈锋这个例子，使用定位标签法可以按照以下三个步骤进行：

（1）理性（职业）标签：计算机工程师，很擅长编程。

（2）感性（生活）标签：两个孩子的爸爸，很会教孩子，是个有耐心的好老师。

（3）扩展标签：计算机工程师里最好的老师，老师里最好的计算机工程师。

陈锋的标签介绍就是：

请大家记住我，陈锋，计算机工程师，很擅长编程。我还是两个孩子的爸爸，是个有耐心的好老师。可以说，我是计算机工程师里最好的老师，老师里最好的计算机工程师。通过这段描述，陈锋的人设也就更加清晰了，听众也可以快速记住他的优势和价值所在。定位标签法的关键就是标签需要简化，一般不要超过三个，快速好记，最好和在场观众的需求契合。例如，在场有很多家长想了解孩子学习计算机或者编程的信息，那么这个介绍效果就很好。如果你理解了，请回复“我理解了”，并补充说明一些信息。

我理解了你的解释和示范，以及定位标签法的概念。这种方法确实能够快速传达个人的关键优势和特点，使听众更容易记住，并在特定情境下产生更强烈的共鸣。

对于陈锋这个例子，定位标签法的运用使得他的自我介绍更加简洁而富有深度，同时通过将自己的职业、生活和特点巧妙地结合起来，形成了鲜明的个人印象。此外，补充信息方面，我认为可以进一步扩展他在计算机工程师领域的成就、教育孩子的方式和哲学等，以更加丰富地展示他的多面性。

总之，定位标签法是一种有效的自我介绍方法，适用于需要快速而精准地传达个人特点的场合。

下面让 ChatGPT 学习后帮陈锋设计标签：

请结合定位标签法，帮陈锋设计三个简化的标签，每个标签不超过 8 个字。

当然，以下是三个简化的定位标签，每个标签不超过 8 个字，以突出陈锋的优势和特点：

（1）编程大师。

（2）有耐心的好父亲。

（3）融合教师家长。

最后，我们可以把几种方法结合起来，统一输出一份自我介绍，如下：

这次听自我介绍的都是家长，请结合以上内容，帮陈锋设计一个自我介绍。自我介绍中应包含陈锋的基本信息、标签和他的个人故事。通过自我介绍，陈锋体现了自己在计算机和教育两个方面的专业性，使得家长都愿意相信他，字数不超过 500 字。

当然，我可以帮你设计这样一个自我介绍。以下是一个不超过 500 字的版本：

大家好，我是陈锋。以计算机工程师和温暖好爸爸为荣耀，我敞开心扉与您分享我的故事。

作为一名编程高手，我深信技术的力量。曾是汉语言文学专业的学子，我细腻感悟文字的情感。然而，我坚信计算机编程是连接未来的桥梁。因此，我毅然决然转行，投身计算机世界。多年的辛勤付出使我在编程领域积累了丰富的经验，成为一名值得信赖的编程大师。

然而，在职业的道路上，我也是一个温暖好爸爸。作为两个孩子的父亲，我始终坚信家庭的力量和教育的重要性。我的耐心与爱心，让我成为孩子们最亲近的伙伴。在我看来，教育不仅是知识的传递，更是品德的培养。作为一个教育兼优的父亲，我希望用自己的行为影响孩子们，让他们从小就懂得勇敢、坚持，用心去追求自己的梦想。

与此同时，我也是一个重视教育的计算机工程师。我深知家长们对孩子教育的渴望，因此我努力将我的专业知识与家庭教育相融合。作为一个拥有编程技能的父亲，我可以用独特的方式教孩子们解决问题，培养逻辑思维。我始终相信，计算机世界中的智慧可以渗透到生活的点点滴滴。

在这里，我愿意成为您和您孩子成长路上的伙伴。我是编程高手，能为您的孩子带来计算机领域的启迪；我是温暖好爸爸，能与您分享教育经验，共同探索孩子成长的乐趣。让我们携手，为孩子们的未来创造更多可能。

谢谢您，期待与您交流和分享！

“MTV”结构分别对应“我”“事情”以及“价值”。我们利用**拆字联想法**、**事无巨细法**及**定位标签法**，就能高效地组织自我介绍，并传递有价值的信息给听众。有时候，我们可以把标签放在第二部分，介绍完标签后再讲一个关于自己的故事。我把这三个方法的首字提炼出来，称之为“自我介绍**拆定事**”。

5.3　工作汇报：4 大原则助力实现完美工作汇报

俗话说得好：**会干更要会讲**。

辛辛苦苦努力一场，有时候，不会汇报，努力白费。很多时候，领导需要通过工作汇报来了解和掌握我们的工作成果。

我辅导过很多基层和中层管理者，他们经常需要做一些工作汇报。我们先来看一个典型案例：

商业地产公司中层年终工作汇报

尊敬的领导：

首先，我想分享一下我们部门在过去一年的工作情况。我们的团队在积极地推进各项业务，取得了一些成绩。到今年年底，我们成功

签约了 10 个商业地产项目，总面积达到 50 000 平方米。此外，我们积极拓展了客户群体，建立了 10 个新的合作伙伴关系。

在租赁方面，我们实现了 90% 的出租率。我们还成功降低了维护成本，节省了 10% 的预算。此外，我们通过市场调研，确定了新一年的招商方向，计划进一步开拓零售业务，预计可以为公司带来更多的收入。

在项目管理方面，我们按时完成了 8 个项目的交付，但在项目验收阶段出现了一些小问题，不过这些问题已经得到及时解决。我相信，在新的一年里，我们可以更好地控制项目风险，提高项目交付的质量。

然而，我也认识到我们面临着一些挑战。尽管我们取得了一些成绩，但整体市场竞争仍然激烈，我们的增长速度相对较慢。此外，市场环境的不确定性也给我们的决策带来了一定的压力。尽管如此，我坚信我们可以通过更好地分析市场趋势和竞争对手，制定更明智的战略来克服这些困难。

针对未来，我们计划进一步拓展客户群体，加强与现有合作伙伴的合作，以提高客户忠诚度。我们还将投入更多资源进行市场调研，准确把握市场需求，为产品定位提供更有力的支持。同时，我们会加强内部团队协作，提升项目管理的效率和质量。

总之，过去的一年里，我们取得了一些成绩，但也面临一些问题和挑战。我相信，通过更深入的分析和更科学的决策，我们可以在新的一年里取得更好的业绩。感谢领导的支持和指导。

谢谢。

这份工作汇报，存在以下一些典型问题：

目标导向不准确：很多基层、中层管理者在做工作汇报时，只关注自己部门或者操作层面，从而忽视了将工作成果与上级目标联系起来，忽视了工作汇报的目标是要让上级满意，导致汇报内容缺乏上级关心的部分。

工作亮点不突出：在汇报内容中，没有具体的数据支持，或者只是简单罗列原始数据，例如 50000 平方米、10 个项目等，并没有把数据加工成领导可以简单理解的指标，无法凸显工作的实际成绩和影响。

问题分析不清楚：在工作中，一定会遇到一些暂时难以解决的问题，有时候对问题的描述过于乐观，没有展现对困难的真实理解，让汇报显得缺乏实际性；有时候又只表面提及问题，没有深入分析问题产生的根本原因，无法提供有效的解决方案。

未来规划不切实际：工作汇报中提出的未来规划缺乏可行性，或者未考虑到外部变化和风险，让汇报显得不够现实，或者提到未来规划，但没有详细描述实施步骤和时间，让人无法理解计划如何落地。

以上 4 大问题，正好对应工作汇报中最重要的 4 个主要原则：**目标导向**、**工作亮点**、**问题分析**以及**未来规划**。好的工作汇报，应当遵循以下原则。

1. 目标导向：准确对应领导的需求和目标

在汇报中，要强调你的工作是如何与单位或团队的总体目标紧密相关的。明确指出你在过去一段时间内专注解决的问题，以及你为达成重要目标做出了何贡献。强调你的工作是支持公司的战略，这能够展示你对整体方向的理解和对组织的承诺。

2. 工作亮点：显著的工作成绩

突出你工作中的亮点和显著成绩，这有助于让听众对你产生良好的印象。使用具体的数据和事例，说明你在工作中取得的成果，可以是项目的增长、成本削减、市场份额的扩大等关键指标。强调你在团队中的贡献，以及你是如何在关键时刻发挥作用的。

3. 问题分析：清晰的问题分析和对策

诚实地分析你在工作中遇到的问题和挑战，解释你是如何应对这些问题的，提出的解决方案是什么，以及怎样迎接挑战的。这种分析展示了你的问题解决能力和适应能力，还表现了你愿意直面挑战并找到解决方案的态度。

4. 未来规划：明晰的工作路径和计划

在汇报中，描述你对未来工作的计划和规划。强调你对如何继续推动项目或任务的发展有清晰的思考。说明你已经考虑到了可能的障碍，并制定了应对策略。确保你的规划与公司的战略目标相一致，以展示你对未来发展的远见和支持。

我们可以把以上内容简化后“投喂”给 ChatGPT，让 ChatGPT 帮我们改写以上工作汇报。

一份好的工作汇报，应当具备以下特征：①部门目标应当服务于公司整体战略需求；②工作亮点应当更加细化，有具体的数据，并加上领导可以理解的指标；③问题分析应当更加深刻，并提出对策；④有清晰的未来规划，并和公司的战略目标相一致。请问你理解吗？如果理解了请回答，“我理解了”，并改写以上商业地产公司中层年终工作汇报。

在字数相差不大的情况下，ChatGPT 输出如下：

商业地产公司中层年终工作汇报

尊敬的领导：

感谢您抽出时间审阅我们部门过去一年的工作总结。在这份汇报中，我将汇报我们在过去一年中的工作亮点、所面临的挑战以及未来的规划。这些举措旨在紧密契合公司加快布局商业地产、创造可持续现金流、减少对居住地产依赖的整体战略。

1. 部门目标与整体战略的关联

我们坚信，将部门目标与整体战略紧密结合，是取得长远成功的关键。因此，我们着眼于加快商业地产布局，充分认识到这是实现公司战略的必要途径。我们的努力，是为了实现公司整体目标而付出的一小部分努力。

2. 工作亮点与数据细化

在过去一年，我们的工作集中在商业地产项目上，成功签约 10 个项目，总面积达 50000 平方米，同比增长 15%。这些数字背后，是我们团队不懈的热情和耐心，以及我们对市场变化的深刻洞察。此外，出租率从去年的 85% 提升至 90%，我们认为这是对我们市场推广策略成效的认可。

3. 问题分析与对策提出

然而，我们清楚自己在取得亮点时，也曾遇到不少挑战。市场竞争依然激烈，使得我们的增长相对较为缓慢。同时，我们在项目验收中碰到的问题提醒我们，项目管理需要进一步优化。市场的不稳定性，也引发了我们对决策的更严格审视。

4. 清晰的未来规划与战略一致性

展望未来，我们将进一步强化商业地产布局，为公司创造更为稳定的现金流。首先，我们将更深入地研究客户需求，提供更有吸引力的商业地产解决方案。其次，我们将优化内部合作，提高项目管理效率，确保交付的品质。最后，我们将继续保持对市场的敏感度，确保决策的准确性。

最后，再次感谢您对我们的指导和支持。我们会不断汲取经验教训，以谦卑的心态，迈向更加光明的未来。

这份汇报的质量已经有了明显提高，我们可以发现，对于每个部分，ChatGPT 都给了 3 个方面的观点。下一步，在给出更多背景材料的情况下，ChatGPT 就可以进一步优化这份工作汇报，最终输出让我们满意的稿件。

5.4 路演招商：路演的 2 大模型，让你开口成金

路演招商也是常见的演讲表达场景。

作为省级创业创新大赛的路演导师，我曾辅导过数百位中小企业家，帮他们提升路演能力。

路演的目标是获得投资，而关键是说服投资人投资该项目。因此，洞察投资人的需求非常重要。创业者通常是潜力股，需要思考的是，提供什么才能说服投资人相信投资能够获益。

在这个过程中，投资者一般最关心两点：一是创业者个人和团队的能力和背景，二是愿景和行动计划。简要来说就是两个问题：能不能干？如何干？

在路演培训中，我通常会用两个模型构建表达的结构，分别为“**市人财**”模型和“**愿行果**”模型。

所谓“**市人财**”模型，即**市场机会 – 团队 – 财务**投资汇报模型。这个模型强调市场机会、团队的背景和能力，以及财务投资回报。

“**愿行果**”模型，即愿景 – 行动计划 – 成果模型。在这个模型中，首先阐述项目的愿景和目标，然后描述实际的行动计划，最后展示过去已取得的成果和未来预计的成果。

可以看出，“**市人财**”模型更偏向于能力，即能不能干。而“**愿行果**”模型则偏向于行动计划，即如何干。

下面按照提示词公式，让 ChatGPT 用“**市人财**”模型直接生成稿件。

你是一名专业的路演演讲教练。我现在需要做一个路演演讲，我是一名企业家，从事的是餐饮行业，具体业务为连锁水饺店业务。听路演的是国内知名的投资人，他们关注的点应该是我的项目发展前景如何，是否有更好的赚钱空间。我希望通过这个路演演讲能够在路演中脱颖而出，顺利拿到 1000 万元左右的投资。请用“市人财”模型帮我写一篇路演讲稿。

ChatGPT 输出结果如下：

尊敬的投资人们，大家好！我是×××，来自××连锁水饺店。今天，我非常荣幸能够在这个舞台上为您展示我们的项目，以及为什么我坚信我们的业务有着巨大的发展前景。

市：市场机会

让我们首先来看一下市场机会。中国的饮食文化博大精深，作为传统美食的代表——水饺在我们国家有着深厚的文化底蕴。而在现代社会，人们对美食的追求更加多样化，同时，随着生活节奏的加快，便捷、美味的餐饮需求也在不断增长。我们的连锁水饺店恰好满足了这一需求，以创新的水饺口味，赢得了众多消费者的喜爱。根据市场趋势分析，餐饮行业依然是蓬勃发展的领域，而我们的连锁水饺店将成为这个市场中的佼佼者。

人：团队实力

成功的市场机会离不开坚实的团队支持。我们的创始团队汇集了餐饮行业、市场营销和供应链管理的专业人士，每个人都为我们的连锁水饺店带来了独特的技能和洞察。我们深知市场竞争的激烈，因此我们不断地进行创新，从水饺的口味、包装到服务体验的细节，我们始终保持着高标准。我们的团队对行业的了解和热情，将是我们业务发展的有力支持。

财：投资价值

现在，让我们来谈谈投资的价值。我希望在这个阶段获得 1000 万左右的投资，以支持我们的扩张计划。过去两年，我们已成功开设了 1300 余家连锁水饺店，这证明了我们在市场中的实力和竞争力。

未来两年，我们计划增加直营及授权店 2000 家，以进一步扩大品牌影响力。基于我们详细的财务规划和市场预测，两年内我们预计将实现持续盈利，为投资者带来丰厚的回报。

结论

尊敬的投资人们，我相信，我们的连锁水饺店业务不仅在市场上有着广阔的发展前景，而且我们的团队和财务规划也为业务的成功提供了坚实的基础。我们的愿景是将连锁水饺店打造成为城市中不可或缺的美食品牌，以创新的水饺口味，为客户创造美味与幸福的时刻。我们的行动计划已经准备就绪，我们期待与您携手合作，共同创造一个美味、创新、成功的未来。谢谢大家！

这篇路演演讲稿，内容相对来说有点空泛。需要注意的是，现阶段在使用 AI 工具的过程中，如果不能提供足够充分的背景和细节信息，就可能出现这种情况。

在我路演培训的过程中发现，如果给创业者提供清楚的框架，结合他们的知识和经验储备，就能打磨出良好的路演演讲稿。但对 AI 工具来说，有时候，更好的方式不是提供模型限制它的思维，而是逐步引导，让它更好地放飞自我，给我们提供更多的思路。

提示词如下：

我要参加一场路演，需要做一场路演演讲，请给我一些创意和启发。

当准备一场路演演讲时，以下是一些创意和启发，可以帮助你设计一个有吸引力和影响力的演讲：

（1）故事化演讲：讲述一个与你的产品或创业经历相关的故事，以吸引听众的兴趣并建立情感共鸣。通过真实的故事来展示你的创业旅程、困难和成功，让听众能够更好地了解你的动力和热情。

（2）引用名人名言：使用与你演讲主题相关的名人名言或行业内的权威人士的引用语，以增强你演讲的说服力和可信度。这些引用可以用作开场白、过渡或结尾，为你的演讲增添一些文化气息。

（3）演示产品或演讲主题：如果你的演讲涉及产品或具体的主题，考虑制作一个简明扼要但生动有趣的演示。通过图表、图像或视频展示产品的优势、功能和用途，或者使用视觉辅助工具来说明你的主题，以更直观和吸引人的方式传达信息。

（4）创造互动体验：尝试在演讲中引入一些互动元素，例如给听众提问、进行投票、小组讨论。这样做可以增加听众的参与感，加深他们对你演讲内容的记忆和理解，并为他们留下更深刻的印象。

（5）使用幽默和情感：在演讲中适度运用幽默可以打破紧张气氛，让听众更容易与你建立连接，同时，展示一些情感和人情味，分享你的热情和动力，将个人情感融入演讲中，能够激发听众的共鸣和情感共振。

（6）强调解决方案和价值：清晰地传达你的解决方案或产品的价值，并突出其与现有市场或行业的不同之处，说明你的产品或创意能够解决现实问题，并具备商业潜力，这样能够吸引潜在投资者或合作伙伴的关注。

（7）结束强有力：在演讲结束时，给听众留下深刻的印象。可以通过回顾演讲要点、强调主要观点或提出具体的呼吁行动来结束演讲。

接下来，我们需要输入所需的背景信息，让 ChatGPT 整理出相关的结构：

你是一名专业的路演演讲教练，我现在需要做一个路演演讲。我是一名老板，从事的是餐饮行业，具体业务为连锁水饺店业务，听路演的是国内知名的投资人，他们关注的点应该是我的项目发展前景如何，能否有更好的赚钱空间，我希望通过这个路演演讲能够在路演中脱颖而出，顺利拿到 1000 万元左右投资。请给我提供一些相应思路和素材，以及我可以通过哪几个方面做好这个路演演讲，请用表格的形式输出。

当准备一场路演演讲时，以下是一些思路和素材，以及相应的表格形式输出，帮助你在路演中脱颖而出并吸引投资人的关注。

思路和素材：

方面	思路	素材
公司概述	介绍公司的背景、成立时间、规模、连锁店数量等	公司历史和发展轨迹的图表或数据
市场需求	阐述餐饮市场的潜在机会和增长趋势	市场调研数据、行业报告、相关新闻报道
品牌优势	突出连锁水饺店的特色、品牌价值和竞争优势	品牌标识、口号、专利或独特配方
目标受众	描述目标受众的特征、消费习惯和购买力	目标受众调研数据、用户案例
经营模式	解释公司的运营模式、供应链管理和成本控制手段	流程图、运营数据、供应商合作关系
扩张计划	说明如何扩大连锁店数量和市场份额	扩张计划的图表、目标设定、区域分布计划
财务状况	提供公司的财务数据、利润增长和投资回报预期	财务报表、利润表、现金流图表
投资回报	展示投资者能够获得的回报和利润增长预期	投资回报率计算、市场增长预测数据
风险与对策	识别行业面临的风险，并提供相应的风险管理策略	行业风险分析、竞争对手对策、市场调整计划

除了以上表格外，ChatGPT 还补充了以下内容：

方面一：公司概述

公司背景：介绍公司的历史、成立时间、使命和愿景。

连锁店数量：展示公司目前的连锁店数量及其分布情况。

成功案例：分享公司已经取得的成功案例和经验。

方面二：市场需求

市场规模：呈现餐饮市场的规模和增长趋势。

潜在机会：揭示餐饮行业中的潜在机会和市场空白。

相关数据：引用市场调研数据、行业报告和新闻报道支持。

方面三：品牌优势

特色产品：介绍连锁水饺店的独特产品、口味和制作工艺。

品牌价值：强调连锁水饺店的品牌价值观、文化和消费者认同度。

竞争优势：突出连锁水饺店在市场竞争中的优势，如质量保证、价格竞争力、品牌知名度等。

方面四：目标受众

受众特征：描述目标受众的年龄段、消费习惯、偏好和购买力。

潜在市场：指出目标受众在当前市场中的规模和增长趋势。

用户案例：分享一些用户成功故事，突出连锁水饺店对目标受众的吸引力和影响力。

方面五：经营模式

运营流程：展示公司的运营流程，从采购到供应链管理、生产和配送。

成本控制：说明公司的成本控制手段和节约措施，以确保利润最大化。

供应商合作：介绍与供应商的合作关系，以保证产品质量和稳定供应。

方面六：扩张计划

目标设定：设定未来一段时间内连锁店数量和市场份额的具体目标。

区域分布：展示公司在不同地区或城市的扩张计划和发展策略。

市场调研：分享对目标市场的深入调研结果，证明扩张计划的可行性。

方面七：财务状况

财务数据：呈现公司的财务数据，包括销售额、利润、成本和现金流等。

利润增长：展示公司的利润增长趋势和预期，证明项目的盈利潜力。

投资回报预期：计算投资者可以获得的回报率和预期收益。

方面八：风险与对策

行业风险：识别餐饮行业面临的风险和挑战，如竞争压力、原材料成本上涨等。

风险管理：提供针对风险的有效管理策略和措施。

市场调整计划：说明公司对市场变化的敏锐性和适应能力，以及应对策略。

请注意，以上只是一个框架和示例。

对演讲时长为 5 分钟的路演来说，以上内容明显过多。下面通过提示，让 ChatGPT 压缩到 3 个点：

路演演讲的时间只有 5 分钟，以上表格部分请帮我浓缩到 3 个点。这 3 个点应当是投资人最关心的内容。我的风格偏重于实干、做事严谨认真，也请适当考虑这个点。

在 5 分钟的演讲中，以下是经过浓缩并考虑投资人关注内容的 3 个关键点，并且体现路演人实干和严谨认真的特点：

（1）市场需求和增长趋势：突出餐饮行业的市场规模和增长趋势，以及连锁水饺店在该市场中的定位和发展前景。强调市场潜力和目标受众的消费习惯和购买力，以证明项目的商业价值和赚钱空间。

（2）品牌优势和竞争优势：凸显连锁水饺店的特色产品、品牌价值和独特的竞争优势。强调公司的质量保证、成本控制和供应链管理，以及与供应商的稳定合作关系。展示过硬的品牌形象和在市场竞争中的优势地位。

（3）扩张计划和投资回报：说明公司的扩张计划和目标，包括连锁店数量和区域分布。突出公司的实干和严谨认真的经营模式，以及对风险的识别和有效的风险管理策略。呈现公司的财务状况和投资回报预期，以展示可持续的盈利能力和投资价值。

这三个关键点集中在市场需求、品牌优势和扩张计划上，体现了实干、严谨和商业价值，同时回应了投资人最关心的内容。

有了以上提示词做铺垫，我们可以让 ChatGPT 直接输出稿件：

请根据以上演讲结构和背景，帮我写一篇路演演讲稿，具体要求和之前一致。需要补充的是听众都是专业的投资人，演讲稿务求实用、条理清晰、能体现我的优势。演讲稿字数按照 5 分钟演讲进行设计。

ChatGPT 输出的内容如下：

尊敬的投资人们：

大家好！

我非常荣幸能够在这个舞台上与各位分享关于我所经营的连锁水饺店业务的发展前景和商机。作为一名实干派企业家，我始终坚信通过认真严谨的努力和扎实的执行，我们能够在这个竞争激烈的餐饮市场中脱颖而出。

首先，我想向各位介绍一下市场需求和增长趋势。如您所知，餐饮行业一直以来都是一个巨大的市场，而连锁水饺店作为其中的一部分，正处于蓬勃发展的阶段。根据市场调研数据和行业报告，我们看到餐饮市场的增长势头依然强劲，并且消费者对于品质、多样性和便捷性的需求不断提升。我们连锁水饺店凭借着独特的产品、准确的市场定位以及对目标受众需求的深入洞察，正处于这个巨大市场的前沿。

接下来，我想强调我们的品牌优势和竞争优势。连锁水饺店不仅以新鲜、美味和口感独特的水饺著称，更以严格的质量保证、精益求精的制作工艺和与供应商的稳定合作关系，确保每一份水饺都能够达到最高的标准。我们的品牌价值观强调消费者对品质和可信赖的追求。在竞争激烈的市场中，我们凭借着卓越的品质、优秀的服务和深入人心的品牌形象，获得了广大消费者的认可和喜爱。

最后，让我和大家分享一下我们的扩张计划和投资回报。我们已经制订了清晰的扩张计划，旨在进一步拓展连锁店的数量和市场份额。我们将根据精心的市场调研，选择最具潜力的地区进行扩张，并且致力于在每个城市中建立起强大的连锁水饺店网络。同时，我们将坚持实干和严谨的经营模式，注重成本控制和供应链管理，以确保持续的盈利能力和投资回报。

尊敬的投资人们，我们清楚地认识到您作为专业投资人对于实际可行性和商业价值的重视。正是基于这一点，我特别注重实用性和清晰度，以展现我们的优势和吸引力。

首先，让我详细介绍我们的市场调研和数据分析。通过深入的市场研究，我们已经确定了餐饮市场中连锁水饺店的发展机会。根据最新的数据，预测显示餐饮市场仍然保持着强劲的增长势头，并且消费者对于优质水饺的需求与日俱增。在这样的市场环境下，我们连锁水饺店通过精心挑选的原材料、传统工艺和创新口味，满足了消费者对品质、多样性和便捷性的要求，使得我们具备了更大的发展潜力和赚钱空间。

其次，让我向您展示我们的运营模式和竞争优势。我们注重细节，从原材料采购到生产制作，严格把控每个环节的质量标准，确保提供给消费者的水饺始终保持口感鲜美和卫生安全。此外，我们通过与可靠供应商的长期合作关系，确保原材料的稳定供应和优惠价格。这样的供应链管理策略不仅有助于控制成本，还为我们提供了持续稳定的产品供应。

最重要的是，让我们谈一谈投资回报和未来的发展计划。我们的扩张计划旨在进一步扩大连锁店数量和市场份额，实现更大的规模经济和品牌影响力。我们已经制订了详细的扩张计划，根据市场需求和区域潜力进行目标市场的选择和布局。同时，我们的财务状况稳健，具备良好的盈利能力和现金流。基于我们的历史数据和市场预测，我们预计投资者可以获得可观的投资回报率和持续增长的利润。

尊敬的投资人们，通过实干、严谨和务实的经营方式，我们连锁水饺店在市场中树立了坚实的品牌形象和良好的口碑。我们相信，凭借市场需求的增长、优质产品的竞争力以及我们的实干精神和严谨经营，我们将在连锁水饺店业务中取得更大的成功。我们欢迎各位投资人加入我们的团队，共同分享这个充满商机和成长空间的行业。

在结束之前，我想强调我们团队的执行力和专业能力。我们的团队由经验丰富的餐饮专业人士组成，拥有扎实的行业知识和成功经验。我们注重细节、追求卓越，并始终将客户需求置于第一位。我们深信，通过我们的共同努力，我们能够实现公司的目标并取得可观的投资回报。

感谢各位投资人的聆听和关注。如果您对我们的连锁水饺店业务感兴趣，并且愿意为我们的发展提供支持，请不要犹豫，与我们联系。我们期待与您一起开创美味水饺事业的新篇章！

谢谢！

以上内容，还缺少数据和案例支撑，下面继续优化：

可以补充一些数据和案例吗？让这篇路演演讲稿更专业化、故事化一些。其他要求，包括字数不变。

尊敬的投资人们：

感谢您的聆听。我今天要和大家分享的是关于连锁水饺店业务的发展前景和商机。在这个五分钟的演讲中，我将结合数据和真实案例，以更专业化和故事化的方式展示我们的优势和潜力。

首先，让我们来看一些引人注目的数据。根据最新的市场研究，中国餐饮行业在过去几年中保持了持续的增长。据统计，2019 年，中国餐饮市场总体规模达到了 5.1 万亿元，而 2020 年，尽管受到疫情的冲击，仍然保持了 3.9% 的增长率。而在这庞大的市场中，连锁餐饮正成为投资者们关注的焦点之一，因为它们具备了品牌效应、管理标准化和市场快速扩张的优势。

正是在这个大背景下，我带着创业的激情和实干精神开设了连锁水饺店。让我给您分享一个真实的案例。在北京市中心的一家连锁水饺店，我们以独特的饺子口味和优质的服务受到了广大消费者的追捧。我们注重选用新鲜的食材，并采用传统工艺和创新口味，使得我们的水饺在品质和口感上始终如一。由于我们对质量的严格把控，我们的店铺在短短一年内就实现了可观的销售额和盈利能力。这个案例不仅证明了我们产品的吸引力，也展示了我们的管理团队和运营模式的成功。

除了单店的案例，我还要向您介绍我们的扩张计划。我们已经制订了详细的扩张计划，旨在在全国范围内建立起强大的连锁水饺店网络。根据市场需求和区域潜力，我们选择了一些具有战略意义的城市进行扩张。以成都为例，该市拥有庞大的人口基数和饮食文化，是我们扩张的理想目标。在成都的连锁水饺店开业后，我们迅速获得了当地消费者的喜爱，并实现了较高的客流量和销售额。这个成功案例展示了我们在不同地区复制经验和实现快速增长的能力。

在谈到投资回报方面，让我与您分享一些令人鼓舞的数据。根据我们的财务分析，连锁水饺店业务在过去三年中保持了稳定的增长。

我们的年复合增长率达到了 15%，而利润率也稳定在 20% 以上。这意味着投资者可以期待在短期内获得可观的回报，并享受长期的利润增长。

除了财务数据，我还想告诉您一些成功的故事。在广州，我们开设了一家位于繁忙商业区的连锁水饺店。通过精确的市场定位和巧妙的营销策略，我们迅速获得了当地消费者的关注和口碑。我们积极参与社区活动，并与当地企业建立了合作关系，以增加品牌曝光和客户忠诚度。在短短两年内，我们的店铺实现了超过 100% 的销售增长，并赢得了当地最佳连锁餐饮品牌的荣誉。这个成功的故事充分展示了我们的市场洞察力和执行力，以及在竞争激烈的餐饮市场中取得成功的能力。

尊敬的投资人们，通过实用的数据和生动的案例，我希望您能够深刻理解我们连锁水饺店业务的潜力和优势。我们团队具备丰富的经验和扎实的行业知识，致力于为消费者提供优质的水饺产品和出色的服务。我们已经制订了清晰的扩张计划，以确保在市场中保持竞争力和持续增长。我们热切期待与您合作，共同开创连锁水饺店业务的美好未来。

谢谢各位投资人的聆听和关注。如果您对我们的连锁水饺店业务感兴趣，并且愿意为我们的发展提供支持，请不要犹豫，与我们联系。我们期待与您共同实现商业成功和共赢的目标！

谢谢！

通过逐步地优化，我们得到了不错的素材，极大地提升了路演演讲稿的准备效率。

简单总结一下，类似路演这种对背景材料要求较高的场景，如果需要通过 AI 工具书写，应尽量采用以上逐步提示的方式，而相应的模型框架，可以在后期人工改稿的时候，进行进一步简化和修改。但通过学习模型了解底层逻辑是很有必要的，这可以更好地帮助我们知其然，更知其所以然。

5.5 面试竞聘：掌握 2 点，让你在面试中脱颖而出

在职业生涯中，关键的场景之一就是面试竞聘。

关键时刻的表达，往往决定了职业和人生发展的走向。

因此，把握职场的关键时刻，在面试竞聘中发挥高水平，是每个职场人的必备技能之一。

除此之外，很多学校在招生时，也可能设置面试环节，特别是国外的名校，都非常看重学生的面试表现。

我帮助过许多学生以及职场人士准备面试及竞聘，取得成功的关键，依然是需要理解背后的底层逻辑，就是让面试官感受到你对面试单位或者学校的价值。

只有有价值和合适的人才，才是用人单位和学校最需要的人。

所谓有价值，就是你符合单位和岗位的需要。例如，技术岗，需要具备一定的技术研发能力；销售岗，需要把产品卖出去；而学校面试，需要看到你的综合潜力。

所谓合适，就是要和单位及岗位匹配。如果能力不够，不符合要求，但如果能力太强，在岗位上待不住也不合适。

因此，我所理解的面试竞聘的关键是人岗匹配，这也是对双方都

负责任的态度。毕竟，即使在面试竞聘中取得了超水平的表现，长期来看，也可能会出问题。

正所谓："功夫在诗外。"做好面试竞聘的第一步，一定是充分研究单位和岗位，结合自身的能力和需求，保证自己适合。

找到合适的位置后，如何才能有效地表现出自己的才能？

在面试中，经常用到一个结构模型为 STAR 模型，有助于面试者在特定情境下清晰地陈述经历、技能和成就。STAR 代表的四个英语单词如下：

Situation（情境）：描述你所面临的具体情境或背景。这有助于面试官了解你所面临的问题或挑战的背景。

Task（任务）：解释你在这个情境下需要完成的具体任务或实现的目标。这有助于清晰地定义你的职责和目标。

Action（行动）：详细说明你为了完成任务采取了什么具体行动。这部分要展示你的技能和决策能力。

Result（结果）：总结你的行动所带来的结果。结果可以是积极的成就、教训或学习经验。

使用 STAR 模型的优势在于，它使面试者的回答更有条理、具体，并且能够清晰地展示能力和经验。以下是一个使用 STAR 模型的案例：

面试问题：请描述一下你在团队中解决问题的经历。

回答（使用 STAR 模型）：

Situation（情境）：我在上一份工作中担任项目经理，我们的团队在一个关键项目中遇到了时间紧迫的问题。

Task（任务）：我们的任务是在短时间内完成一个复杂的软件开发

项目，并交付给客户。我需要确保项目按时完成，同时保持高质量。

Action（行动）：我首先召集团队开会，明确了项目的紧急性和重要性；然后，我主导了一个快速的问题分析会议，识别出了导致项目延误的主要问题。为了解决这些问题，我重新分配了任务，优化了开发流程，并设置了严格的里程碑。

Result（结果）：通过我们的努力，成功地按时交付了项目，并且项目质量超出了客户的期望。这个经历让我更好地理解了团队协作的重要性，以及如何在紧急情况下保持冷静并制定有效的解决方案。

运用 STAR 模型能够系统地向面试官展示问题解决能力，而不是简单地陈述经历。这有助于面试官更好地评估面试者的能力和适应性。

在面试中，有些问题很常见，这里用表格的形式给大家列出，见表 5-4。

表 5-4　常见的面试问题

序号	面试问题	原因
1	请你自我介绍一下	了解你的背景和经验
2	你为什么对这个职位感兴趣	评估你对公司、职位和文化的了解，以及你的适应性
3	请分享一下你成功解决问题的经历	考察你的解决问题的能力、决策能力和执行能力
4	你在团队中如何合作	了解你的协作、沟通和领导能力，以及团队合作意识
5	你的职业目标是什么	了解你的职业规划和长期发展方向
6	你最大的优点是什么	评估你的自我认知和你能为职位带来的价值
7	你面临的最大挑战或你的弱点是什么	了解你的自我反思、改进能力和承受压力的能力
8	你在过去是否遇到过如何管理时间的挑战	考察你的组织能力、时间管理技能和应对压力的能力

在准备面试时，我们可以提前准备以上这些问题，选择一个问题输入给 ChatGPT，让它用 STAR 模型给我们解答。

你是一名面试大师，对于面试中“你在团队中如何合作”这个问题，请用 STAR 模型进行回答。

当面试官问“你在团队中如何合作”这个问题时，你可以使用 STAR 模型来回答，以便清晰地展示你的经验和技能。

Situation（情境）：

在我之前的一份工作中，我参与了一个跨部门的项目，目标是开发一款新的软件产品。这个项目涉及来自不同背景和技能的团队成员，我们需要紧密合作来实现共同的目标。

Task（任务）：

我被任命为项目团队的副负责人，我的任务是协调不同团队之间的沟通，确保信息流畅，任务分配清晰，并促进有效的合作。

Action（行动）：

为了确保团队合作顺利进行，我首先组织了一个启动会议，邀请了来自不同部门的成员参加。在会议上，我详细介绍了项目的目标和每个团队的职责。为了确保沟通畅通，我设置了定期的团队会议，以及一个在线协作平台，供团队成员分享进展和资源。

在项目的过程中，我积极参与了问题解决，当出现冲突或障碍时，我促进了开放的讨论并协调解决方案。我还与其他团队成员共同制订了一个明确的项目计划，明确了任务和截止日期。

Result（结果）：

通过我在团队中的协调和领导，我们成功地按时交付了软件产品，并且产品质量得到了客户的高度评价。团队成员之间的合作变得更加高效和协调，这种良好的合作氛围也帮助我们在项目中取得了成功。

这个例子使用了 STAR 法清晰地描述了你在团队合作方面的经验。它涵盖了具体的情境、你的任务、你采取的行动以及最终取得的结果。这种结构化的回答能够帮助面试官更好地理解你在团队合作方面的能力和贡献。

换一个题目，ChatGPT 依然可以用同样的结构输出：

请用 STAR 模型回答“你面临的最大挑战或你的弱点是什么？”这个问题。

当回答“你面临的最大挑战或你的弱点是什么？”这个问题时，同样可以使用 STAR 模型来展示你的自我认知和改进能力。

Situation（情境）：

在之前的一份工作中，我被要求负责一个复杂的项目，这是我第一次独立承担如此大规模的责任。这个项目涵盖了多个阶段和团队，需要高度的协调和管理。

Task（任务）：

我的任务是确保项目按计划推进，与各个团队合作，同时保持高质量的交付。这是一项重要的职责，但对我来说也是一个挑战，因为我之前没有经验处理如此复杂的项目。

Action（行动）：

为了克服这个挑战，我首先寻求了 mentor 的帮助，他在项目管理方面有丰富经验。我向他请教了如何有效地分解任务，设置里程碑，以及如何应对潜在的风险。

我也主动寻求反馈，定期与团队成员和上级沟通。我了解到，我需要更好地平衡任务的分配，以及提前识别和解决潜在的问题。为了弥补我的短板，我参加了项目管理的培训课程，并深入学习了团队协作和风险管理的技巧。

Result（结果）：

通过我的努力，我逐渐克服了这个挑战，项目在预定的时间内交付，并且达到了高质量的标准。在这个过程中，我不仅提升了自己的项目管理技能，也学会了如何寻求帮助和改进自己的弱点。

这个例子使用 STAR 法清晰地描述了你在面对挑战和弱点时的行动和结果。这种结构化的回答能够显示你的自我反思、改进能力和承受压力的能力，让面试官更好地了解你如何应对困难情况并取得积极结果。

从上面两个回答中，我们发现，AI 很聪明地用了同一个案例，响应了不同的问题，这也是我们应当学习的。毕竟，每个人的职场经历和经验都是有限的，要学会使用有限的案例，回答不同的问题。这也是面试答辩中的重要能力。

5.6　展示分享：3 大要素，打造 TED 般的展示效果

展示分享是演讲的另一个重要场景。

在移动互联网高度发达的今天，通过展示分享发表观点、展示产

品、传播思想，是企业甚至是个人的标配。

应该说，只要拥有展示分享的能力，每个人都可以是一个 IP。

从苹果公司创始人乔布斯，到小米的创始人雷军等，越来越多的企业创始人为自己的公司和产品代言。

越来越多的超级个体，也通过讲台、社交媒体等多种形式，传播其思想和销售产品，为自己代言。

这是个人人皆可以为自媒体的时代。展示分享能力逐渐成为一种必备能力。我们需要懂得，如何利用讲台，更好地扩展自己的影响力。

说起展示，就不得不提到 TED（Technology, Entertainment, Design）。它是一个全球性的非营利性组织，成立于 1984 年，旨在通过举办演讲会议来传播各个领域的思想和知识。它的核心理念是“值得传播的思想”(Ideas Worth Spreading)。它的演讲内容涵盖了科技、娱乐、设计、文化、科学等领域。

TED 的演讲会议以其独特的演讲风格和高质量的内容而著名。每场 TED 演讲会议都会邀请各领域的专家、创意人士、学者、艺术家等发表短而精彩的演讲，通常时间限制在 18 分钟以内。这些演讲旨在激发听众的思考，传播创新思想，并促进跨学科和国际交流与合作。微软公司的创始人比尔・盖茨、特斯拉公司的创始人埃隆・马斯克、理论物理学家斯蒂芬・霍金等，都曾登上过 TED 的“舞台”。

我有幸，曾作为演讲嘉宾在 TEDx（TED 官方授权的地方性论坛）进行分享，也曾辅导多人上过 TEDx 论坛。

在演讲台上做一个正式的展示分享，是需要一些技巧的。

TED 的主席和联合创始人 Chris Anderson（克里斯·安德森）出版过《 TED 演讲：TED 官方演讲指南》一书。在这本书中，他系统地总结了展示分享中的 21 个要素。在这些要素中，我认为有 3 大要素是最核心、最关键的，也是我在辅导学员进行展示过程中，重点关注的。

这 3 大要素分别如下：

（1）**独特的思想**：确保你的演讲有一个独特而引人注目的思想。这个思想可以是新颖的、具有挑战性的，或者能够改变人们看待某个问题的方式。这个思想应该是你演讲的核心，围绕它构建你的故事和信息。

（2）**故事的力量**：利用故事来支持和传达你的思想。一个生动有趣的故事能够激发听众的情感共鸣，帮助他们更好地理解和接受你的观点。确保你的故事具有情节、人物、情感，以及与你的主题密切相关的其他元素。

（3）**明确的结构**：一个清晰的演讲结构对于听众的理解至关重要。确保演讲有引言、主体和结尾，每个部分都有明确的重点。引导观众进入你的话题，深入探讨核心信息，并以有力的结尾总结你的观点，可以让你的演讲更有逻辑和更流畅。

我们可以在 ChatGPT 中新建一个对话框，取名展示分享演讲，将相关要素“投喂”给 ChatGPT。每当我们有需要展示的题目时，就可以让 ChatGPT 帮助构建观点、故事以及结构。

需要注意的是，由于背景信息不足，如果希望 ChatGPT 一次就能帮我们写出合格的稿件，从现阶段来看不太可能。

提示词及文稿如下：

我需要做一场展示分享演讲，主题是展示我们公司最新的手机产品。补充背景如下：我大学本来是学文科的，但是对科技产品情有独钟，后来选择创业做手机，希望用科技改变这个世界。请结合以上 3 个核心要点，帮我输出一篇演讲 10 分钟左右的演讲稿。

演讲稿：

利用科技改变世界的创业之路——展示我们公司的最新手机产品

引言：大家好，我感到非常荣幸能够站在这里，与大家分享我对科技产品的热情和我所创办的手机公司的使命。虽然我本科学的是文科，但我一直对科技充满了浓厚的兴趣。我相信，科技不仅可以改变个人的生活方式，还能够改变整个世界。

第一部分：讲好故事

刚开始我选择了文科的道路，但是我对科技的热爱一直没有改变。我决定投身科技创业，因为我相信科技有力量。科技让我们能够超越边界，突破限制，开创新的可能性。正是这份热情驱使着我，让我和我的团队一起创造了我们公司的最新手机产品。

第二部分：明确的结构

为了向大家展示我们公司的最新手机产品，我会分为三个部分来进行介绍：首先，我会介绍我们公司的使命和价值观；其次，我会详细介绍我们最新的手机产品的创新特点；最后，我将分享我们公司未来的发展计划。

第三部分：构建观点

（1）我们公司的使命和价值观：我们的公司始终秉持着一个使

命，那就是利用科技改变这个世界。我们相信，每一款产品都应该不仅仅是一件工具，更是一种能够改善生活的方式。我们坚持创新，不断突破，以确保我们的产品在科技的驱动下，为用户带来更多价值。

（2）最新手机产品的创新特点：现在，我想和大家分享一下我们公司的最新手机产品。这款产品融合了先进的技术和人性化的设计，让用户能够在科技的陪伴下体验更加丰富、便捷的生活。从独特的外观设计到高性能的处理器，从卓越的摄影能力到智能化的操作体验，我们的产品旨在满足用户的各种需求，让他们能够更好地融入数字化的时代。

（3）未来的发展计划：我们的路还很长，但我们坚信，通过不断的努力和创新，我们可以做得更好。未来，我们将继续保持对技术的追求，持续推出更具影响力的产品，让科技真正成为改变世界的力量。同时，我们也将更加关注可持续发展，努力为社会和环境带来积极的影响。

结尾：在结束之前，我想感谢大家的聆听。科技改变世界的梦想在我心中从未改变，而我们公司的最新手机产品正是我们在实现这一梦想的道路上迈出的坚实一步。我期待着与您分享更多关于我们公司的故事，以及如何通过科技来塑造一个更美好的未来。

谢谢大家！

我们可以看出，第一次输出的文稿未达到我们的要求。我建议逐步让 ChatGPT 学习，并且逐步给出建议，引导如下：

我需要做一场展示分享演讲，主题是展示我们公司最新的手机产品，补充背景如下：我大学本来是学文科的，但是对科技产品情有独钟，后来选择创业做手机，希望用科技改变这个世界。请从独特的思想这个点着手，给我提供一些展示分享的建议。

当你准备展示分享关于你公司最新手机产品的演讲时，你可以从你独特的思想出发，以及你的科技改变世界的愿景为基础，打造一个引人入胜的演讲。以下是一些建议：

（1）独特的思想：你的独特思想可以是如何将你的文科背景与科技热情结合，从而创造出与众不同的手机产品。这个思想可以突出你的独特视角，以及你对科技的独特见解。将这个思想贯穿整个演讲，强调它是你的公司产品的核心驱动力。

（2）故事背后的故事：讲述你的创业故事，从学文科到选择创业做手机，这其中的转变和动机都是一个引人入胜的故事。解释为什么你对科技产品情有独钟，以及你是如何克服挑战、学习技术、并最终实现创业梦想的。这个故事将帮助听众更好地理解你的背景和愿景。

（3）科技改变世界的愿景：强调你的愿景，即通过科技改变世界。说明你如何将这一愿景融入你的手机产品，以及你的产品如何与其他产品有所不同，从而创造出更好的用户体验。通过数据、案例或前景展望，阐释你的手机产品如何为用户和社会带来积极影响。

（4）产品亮点和创新：在演讲中，详细介绍你公司最新的手机产品，突出产品的独特之处和创新点。你可以强调产品的设计理念、功能特点、技术创新等，同时将这些特点与你的独特思想和愿景联系起来。

（5）与听众的共鸣：建立与听众的共鸣，让他们能够与你的故事和愿景产生联系。引用一些大众关心的话题，如可持续发展、智能科技等，以展示你的产品与时代的契合。

（6）交互和视觉辅助：在演讲中，使用生动的图片、视频或演示来展示产品的外观、功能和特点。交互式元素，如给听众提问、邀请他们参与讨论，可以增加他们的参与感和兴趣。

通过将你的独特思想、个人故事和科技愿景融入演讲中，你可以创造出一个充满情感共鸣、引人入胜的演讲，同时有效地展示你公司最新的手机产品的价值和优势。

如果从故事的角度着手呢？请给我提供一些展示分享的建议，并补充故事内容。

从故事的角度出发，你可以打造一个让听众感到亲近和共鸣的演讲。以下是一些建议，并结合你的背景和愿景，补充了一些故事内容：

（1）故事引入：以一个引人入胜的开场故事开始，描述你大学时的文科背景和科技热情的冲突；讲述你是如何发现自己的热情，并决定将文科的洞察力与科技的创新结合起来的。

（2）转折矛盾：描述你决定创业做手机的时刻，讲述你在转型过程中面临的矛盾和挑战。从文科出身到涉足科技领域，你是如何跨足这个领域的，克服了哪些困难。

（3）个人成长：描述你在学习科技、了解手机行业的过程中的成长和进步；分享你通过学习、实践和合作，如何逐渐培养出对手机产品的深刻理解和创新思维。

（4）梦想与愿景：讲述你怀揣科技改变世界的愿景，以及如何将这一愿景融入你的公司和产品；强调你想要通过手机产品为人们带来便利、智能和积极影响。

（5）产品背后的故事：将你公司最新的手机产品与你的个人故事联系起来，讲述产品背后的创意、设计理念，以及它们是如何源自你的文科背景和科技热情的。

（6）用户体验：通过故事描述，展示你如何关注用户的需求和体验，以及如何将你的产品打造成更好、更有意义的解决方案，分享用户使用你的手机产品后所带来的正面变化和体验。

（7）未来展望：结束演讲时，展望未来，描述你的公司将如何继续以独特的思想和愿景，推出更多令人期待的创新产品，实现你的科技改变世界的目标。

通过将个人故事和公司产品紧密结合，你可以创造出一个温暖、鼓舞人心的演讲，让听众与你产生情感共鸣，并对你的产品和愿景产生兴趣。

从演讲逻辑结构的角度着手呢？请给我提供一些展示分享的建议，并设计演讲的逻辑结构。

从演讲逻辑结构的角度出发，你可以打造一个清晰、有条理的演讲，使听众能够轻松地跟随你的思路。以下是一些建议，并设计了一个可能的演讲逻辑结构：

演讲逻辑结构：

（1）引入：以一个引人入胜的故事、引用或问题引起听众的兴趣，介绍你的背景和愿景。你可以描述一次让你深受触动的科技体验，从而引出你为什么选择创业做手机的决定。

（2）个人背景与转变：介绍你大学时的文科背景，以及如何发现自己对科技产品的浓厚兴趣，描述你决定转向科技创业的瞬间，以及在这个转变过程中的内心冲突和挑战。

（3）连接文科与科技：解释你是如何将你的文科背景与科技的创新相结合；讲述你是如何将文化、人类洞察力和技术融合，从而为你的手机产品注入独特的思想和价值。

（4）愿景和使命：详细阐述你的愿景，即通过科技改变世界，描述你想要为人们创造什么样的体验和价值，以及你的手机产品是如何体现这一愿景的。

（5）产品创新与设计：介绍你公司最新的手机产品，重点突出产品的创新之处和设计理念，以故事方式展示产品的独特功能、外观和用户体验，以及这些特点如何与你的独特思想相契合。

（6）用户故事与影响：分享一些用户的故事，描述他们是如何从你的手机产品中受益的。强调你的产品如何改善用户的生活、工作或娱乐体验，以及这种影响如何与你的愿景相一致。

（7）未来展望：在演讲的最后，展望未来，说明你的公司将如何继续推动创新，为用户带来更多令人惊喜的科技产品，再次强调你的愿景，以及你想要通过科技为世界带来的改变。

（8）总结和呼吁：简要总结演讲内容，强调你的独特思想、个人故事和产品创新的重要性，最后，鼓励听众与你的公司互动，探索更多关于产品和愿景的信息。

通过以上演讲逻辑结构，你可以将你的故事、个人背景、愿景以及产品创新有机地连接起来，使你的演讲更具条理和连贯性，同时能够清晰地传达你的信息和思想。

借助以上内容，我们再让 ChatGPT 写作一篇演讲稿：

结合以上内容以及演讲背景，请帮我写一篇展示分享演讲。

ChatGPT 输出的文稿如下：

主题：用科技创新改变世界：我与手机产品的故事

尊敬的听众们：

大家好！

我站在这里，想要与大家分享一个充满激情和创新的故事，一个关于如何通过科技改变世界的故事。我是一个曾经学习文科的人，但却始终对科技产品情有独钟。今天，我要讲述的是，如何在这段独特的人生旅程中，用我独特的思想和愿景，将一个科技创业的梦想变成了现实。

第一部分：从文科到科技的转变

回想起大学时的我，文科是我的主要领域，而对科技的兴趣只是一种潜在的火花。然而，一次偶然的机会，我体验了一款令人叹为观止的科技产品。那一刻，我被科技的魔力所深深吸引，开始思考如何将我的文化洞察力与科技创新相结合。

但是，面对这个转变，我遇到了许多内心的矛盾和挑战。我问自己：作为一个文科生，我能够在科技领域做出什么贡献？我是否有能力掌握这么复杂的技术？

第二部分：连接文科与科技的桥梁

然而，正是这些疑问和挑战，激发了我追求创新的决心。我开始学习技术，了解手机行业的方方面面。渐渐地，我发现，我的文科背景能够为科技创新带来一种独特的视角。我将人文洞察力融入科技设计，为手机产品赋予了更深刻的意义。

第三部分：用科技改变世界的愿景

我的梦想不仅仅是创造一款优秀的手机产品，更是通过科技改变人们的生活。我坚信，科技可以是一个强大的改变者，可以让我们的生活变得更智能、更便利。正是这种愿景，驱使我不断探索创新，为我的公司塑造了独特的品牌。

第四部分：产品创新与设计

现在，我要向大家展示我们公司最新的手机产品。这款手机不仅仅是一部通信工具，更是一种连接思想的桥梁。我们将文化、技术和创新融合在一起，设计出了这款独具魅力的产品。它不仅拥有前沿的技术，更传递了我们对世界的独特视角。

第五部分：用户故事与影响

让我来与大家分享一个真实的故事。有一位用户通过使用我们的手机产品，提升了工作效率，工作取得了很大的成效。这正是我们追求的目标：让科技成为改变生活的力量，为用户创造实际的价值。

第六部分：未来展望

在未来，我们将继续以创新为核心，为用户带来更多惊喜。我们的愿景不仅仅是推出更多创新的科技产品，更是通过科技，让我们的世界变得更加美好。我期待着我们共同创造的未来。

总结：用科技创新改变世界，是我们的初心和使命。正如我从文科到科技的转变一样，我们的手机产品也是连接不同领域的桥梁。让我们携手，用创新的力量，让未来充满希望。

谢谢大家！

我们可以看出，分步引导 AI 工具写出的文稿质量，不仅更符合我们的要求，而且借助 AI 工具给出的建议，更方便下一步的人为优化。

5.7 演讲比赛：打造冠军级别演讲的 5 大秘诀

我曾辅导数十位选手拿到全国或省级的演讲冠军。

我曾作为中英文演讲比赛评委，见过各种类型的选手。

在比赛中，有很多选手极有潜力，语言及综合能力都不逊于冠军，但因为没用对比赛方式，没有完全发挥出水平，错失冠军。

那些冠军是怎样脱颖而出的呢？

先来分析下演讲比赛的场景。

在演讲比赛中，通常每位演讲者仅有几分钟的时间进行展示。因此，演讲者要在这短暂的时间内，尽量表现出最高的水平，并且符合比赛的要求。

演讲比赛通常有以下评分标准，见表 5-5。

表 5-5 演讲比赛的评分标准

序号	评分标准	描述
1	主题和内容	演讲是否紧紧围绕主题，内容是否有深度、逻辑清晰，是否能引起听众的兴趣和共鸣
2	结构和组织	演讲是否具有清晰的开头、主体和结尾，是否能够有条理地组织观点，使整个演讲自然流畅
3	语言表达和措辞	演讲者的用词是否准确、恰当，语言表达是否流畅，是否使用了丰富的词汇和表达方式
4	发音和语速	演讲者的发音是否清晰，语速是否适中，是否能够让听众轻松地理解和跟随演讲内容

（续）

序号	评分标准	描述
5	肢体语言和眼神交流	演讲者的肢体语言是否自然，是否与演讲内容相匹配，是否能够与听众进行眼神交流，增强沟通效果
6	魅力和自信	演讲者是否展现出魅力和自信，是否能够吸引听众的注意力，是否给人以积极的印象
7	时间控制	演讲者是否能够在规定的时间内完成演讲，是否能够合理安排每个部分的时间，避免超时或时间不足
8	创新和个性	演讲是否有创新点，是否展现出演讲者的个性和风格，是否与其他参赛者有所区别
9	情感和感染力	演讲者是否能够通过情感表达和个人故事让听众产生共鸣并被感染
10	符合题目和目标听众的要求	演讲是否与比赛主题紧密相关，是否能够满足目标听众的要求和期望，是否能够传达清晰的信息或有启发性的想法

虽然每次演讲比赛都有类似以上的详细评分标准，但最关键的是给评委留下的整体印象。评委往往是通过整体印象给选手打分的。

决定整体印象的，主要是以下 5 点：

一是**观点的新颖性**。试想一下，在比赛中，评委要听很多人演讲，如果你的观点平淡无奇，就很难引起评委的注意，但同样需要注意的是，在提出创新观点时，不能偏离主题。

二是**故事的原创性**。在演讲比赛中，要尽量讲自己的原创故事。在讲自己的原创故事时，选手是最“权威”的，而且原创故事的独一无二性，有助于吸引评委。

三是**内容的“干湿度”**。在演讲稿中，观点和道理是“干货”，而故事和润色就是“水货”（非贬义词），两者缺一不可。道理太多，容易让人乏味，而润色太多，又让人感觉言之无物。干湿度结合，掌握两者的平衡，至关重要。

四是**语言的风格**。对于不同类型的演讲比赛，在演讲稿创作时应当采用不同的风格类型，如主旋律演讲，文笔和感染力的要求相对比较高；国际英语演讲比赛，更注重故事的真实性，语言需要相对平实、自然。

五是**演和讲的比例**。不同类型的演讲比赛，演和讲的比例是不一样的。一些风采类的比赛，演讲者可以自由走动，因此需要设计很多移动和肢体语言，演的成分较大；有的比赛要求选手不能移动，这个时候，就需要设计对应的手势语言，减少表演成分，而更侧重内容。

在以上 5 点中，第 1 点和第 2 点让评委听着有新意，第 3 点和第 4 点让评委感觉有内容，第 5 点则照顾了评委的整体体验，这样就能给评委留下良好的整体印象。

我们可以把以上内容“投喂”给 ChatGPT，让 ChatGPT 学习后，分别从以上 5 点帮助我们设计出好的比赛演讲稿。

在演讲比赛中，最关键的是给评委留下的整体印象。评委往往是通过整体印象给选手打分的。

而决定整体印象的，主要是以下 5 点：

一是观点的新颖性。试想一下，在比赛中，评委需要听很多人演讲，如果你的观点平淡无奇，就很难引起评委的注意，但同样需要注意的是，我们在提出创新观点时，不能偏离主题。

二是故事的原创性。在演讲比赛中，要尽量讲自己的原创故事。在讲自己的原创故事时，选手是最“权威”的，而且原创故事的独一无二性，有助于吸引评委。

三是内容的“干湿度”。在演讲稿中，观点和道理是“干货”，而故事和润色就是“水货”（非贬义词），两者缺一不可。道理太多，容易让人乏味，而润色太多，又让人感觉言之无物。干湿度结合，掌握两者的平衡，至关重要。

四是语言的风格。对于不同类型的演讲比赛，在演讲稿创作时应当采用不同的风格类型，如主旋律演讲，文笔和感染力的要求相对比较高；国际英语演讲比赛，更注重故事的真实性，语言需要相对平实，自然。

五是演和讲的比例。不同类型的演讲比赛，演和讲的比例是不一样的。一些风采类的比赛，演讲者可以自由走动，因此需要设计很多移动和肢体语言，演的成分较大；有的比赛要求选手不能移动，这个时候，就需要设计对应的手势语言，减少表演成分，而更侧重内容。请问你可以理解吗？如果理解请回答：“我理解了”。

我理解了。在演讲比赛中，整体印象对于评委的评分至关重要，而决定整体印象的 5 个关键因素是观点的新颖性、故事的原创性、内容的“干湿度”、语言的风格以及演和讲的比例。这些因素可以显著影响演讲的吸引力、说服力和与听众的连接。选手在演讲比赛中需要在这些方面找到平衡，以打造一个引人注目、有说服力且与主题相关的演讲。

还是用“有为无畏”（Do without regret）这个案例举例。

现在要写一篇比赛演讲稿，主题为：有为无畏。通过和演讲者交流，我了解到她有这样一段经历：她有一次机会可以代表学校做主持人的机会，主持稿都已经写好了，但是因为害怕上台，结果把稿子给了别人，自然也把这次难得的机会让给了别人。后来她非常后悔，因此痛定思痛，决定未来一定要克服胆怯和恐惧，勇敢地站上讲台，因此鼓起勇气参加了这次演讲比赛。请结合以上 5 点，先逐点给出比赛演讲稿的建议。

当然，我可以为你提供关于这个主题的演讲稿建议。以下是按照之前提到的 5 个关键因素，逐点给出的演讲稿建议：

（1）观点的新颖性：

在你的演讲中，突出强调“有为无畏”的观点。以你的经历为例，讲述自己曾因害怕而错失机会，但也正是这段经历激发了你克服恐惧、勇敢面对挑战的决心。强调勇敢面对未知、勇往直前的重要性，让观众能够从中获得启发，以此突出你的演讲独特性。

（2）故事的原创性：

通过详细叙述你的那次错失机会的经历，以及后来决定克服恐惧的决心，让听众能够感受到你的真实情感和成长历程。分享自己的故事能够更容易引起听众的共鸣，并为你的演讲增添个人魅力。

（3）内容的“干湿度”：

在演讲中，确保结合道理和故事，让观众既能够理解你的观点，又能够感受到你的情感。在解释“有为无畏”观点的同时，引用一些权威的引言或事实来支持你的观点，以增强演讲的说服力。

（4）语言的风格：

在语言风格上，采用鼓励、亲和的语调，与听众建立更紧密的连接。使用感性的描写，使你的故事更具感染力。根据比赛类型选择适合的语言风格，确保演讲与听众的期待相契合。

（5）演与讲的比例：

根据比赛的性质，设计适当的肢体语言和演示，以增强演讲的生动性。如果可以移动，充分利用舞台空间来与观众互动，增强演讲的参与感。如果不能移动，可以适当运用手势和表情来丰富演讲内容。

以此为基础，让 ChatGPT 直接生成稿件：

请考虑到以上建议，帮她写一篇比赛演讲稿。

ChatGPT 输出的文稿如下：

尊敬的评委、亲爱的同学们：

大家好！今天，我站在这里，想与大家分享一个我曾经在人生道路上经历的故事，一个关于勇敢与成长的故事，一个关于“有为无畏”的故事。

曾经，有一次，我有机会代表学校做主持人。我准备得很充分，主持稿也写好了，但是当真正站在台上，面对那些期待的眼神和聚光灯下的注视，我感到一种无法克服的恐惧。恐惧让我失去了勇气，我不敢面对这个挑战，甚至把主持稿交给了别人。结果，那次珍贵的机会溜走了，机会也给了别人，我深深地后悔了。

然而，这次经历也成为我成长的契机。我明白了，人生中最大的敌人并不是别人，而是自己内心的恐惧。我不能让恐惧阻挡我前进的步伐，我要勇敢地面对，无畏地前行。

于是，我下定决心，我要克服自己的胆怯，不再让机会从指缝中溜走。这一次，我鼓起勇气参加了这场演讲比赛，因为我深刻理解，想要成长，就必须要面对自己的恐惧，要敢于去做那些曾经让自己退缩的事情。

“有为无畏”，这不仅仅是一句口号，更是一种生活态度。勇敢面对未知，勇往直前，不畏艰难险阻，不惧失败挫折。这是我们追逐梦想的信念，也是我们成长的动力。

在这个充满机遇与挑战的时代，我们每个人都需要拥有“有为无畏”的品质。当我们面临选择时，不要让恐惧左右我们的判断；当我们面对困难时，不要退缩，而是要勇往直前。正如马丁·路德·金所说：“人生最坚硬的一道坎，就是自己的恐惧。”

所以，让我们勇敢地去做、去追求、去面对、去闯荡。不要让恐惧束缚我们的双手，让我们的未来因为胆怯而留下遗憾。让我们用“有为无畏”的信念，去书写属于我们自己的精彩人生！

谢谢大家！

有了前面 5 点引导，这次 ChatGPT 输出的稿件质量甚至高于第 4 章中仅针对故事优化的演讲稿件，因此提示和引导的质量非常关键。ChatGPT 和人类学习的方式类似，输入得越多越准确，输出的质量就越高。当然，我们还可以让 ChatGPT 利用 5 个关键因素对文稿进行分析解读，这有助于文稿的进一步优化。

请帮我分析一下，以上演讲稿从哪些方面响应了 5 个关键因素，并标出。

当然，我很乐意帮助你分析演讲稿如何响应了五个关键因素。以下是演讲稿中如何体现了每个关键因素的分析，我在每个因素后面用方括号标注了相应的标记。

（1）观点的新颖性：

演讲稿通过以个人经历为例，强调了“有为无畏”的观点，从个人角度出发，将勇敢面对恐惧、克服挑战作为主题。这种个人化的方式使观点更具新颖性，引人关注。

（2）故事的原创性：

演讲稿具体叙述了演讲者自己的错失机会和后来的决心，这是一个原创故事，强调了她在成长中的经历和变化。这种个人故事能够与听众产生共鸣，增强演讲的真实性和情感。

（3）内容的“干湿度”：

演讲稿结合了道理与故事。在描述个人经历时，演讲者提到恐惧的重要性，并引用马丁·路德·金的名言来支持观点，从而提供了干货。故事的叙述则润色了演讲，使内容更加生动引人。这种平衡使演讲内容更具有吸引力。

（4）语言的风格：

演讲稿采用了鼓励、亲和的语调，与观众建立了紧密的联系。同时，演讲者在描述个人经历和观点时运用了感性描写，使语言更有感染力。这种语言风格与演讲的主题相契合，增强了演讲的表达效果。

（5）演与讲的比例：

尽管演讲稿中没有详细描述具体的肢体语言和演示，但在鼓励面对挑战、克服恐惧时，演讲者传达了积极的情感。这种情感表达在演讲的过程中可以通过适当的肢体语言和表情来增强。根据比赛类型，她可以适当加入更多的肢体语言，使演讲更具生动性。

总体而言，这个演讲稿相当好地回应了 5 个关键因素，通过个人经历和观点的结合，用情感和道理的交融，让演讲更加有说服力和感染力。

借助 ChatGPT 的建议，我们就能继续调整演讲稿，人为进行优化。

本章要点：

1. 即兴演讲应该是准备最充分的演讲，可以使用“万能语料法”，让 AI 工具帮你生成语料。
2. 可以使用“MTV”结构设计自我介绍，并用 AI 工具生成内容。
3. 工作汇报中最重要的 4 个组成要素：目标导向、工作亮点、问题分析以及未来规划。
4. 路演演讲，可以使用“市人财”模型和“愿行果”模型搭建结构。
5. 在面试中，常用到的一个结构模型为 STAR 模型。
6. 可以通过“投喂”的形式，让 AI 工具提前学习相关结构模型，这样更容易输出满意的答案。

思考及练习：

1. 直接使用提示词公式，让 AI 工具输出演讲稿，主题自拟。
2. 将本章介绍的相关模型“投喂”给 AI 工具，并输出对应的演讲稿，主题自拟。
3. 对比以上两种方式生成的演讲稿，思考两者的优缺点。

后记

人的哪些特质是 AI 工具无法替代的，我们应当做好什么

通过前 5 章的实操，大家对于演讲体系及 AI 工具的使用有了系统的认知：用好 AI 工具，可以极大地提升我们的创作效率。应当说，在演讲这个场景中，AI 工具扮演了灵感启发师、逻辑整理师、故事精炼师及表达教练等角色。AI 工具不仅可以给我们提供源源不断的灵感和素材（梳理清晰的结构，提供巧妙的内容，提供优秀的故事创意，设计故事），还能给我们提供有效的反馈，从而让我们改正表达中的问题。

但通过实操，我们也发现，现阶段 AI 工具还存在着一定的局限性。下面，我们就来探讨如何扬长避短，更好地用好 AI 工具。

现阶段 ChatGPT 的局限性

本书提到并一直使用的 AI 工具是 OpenAI 公司发布的 ChatGPT，它也是现在最强大的 AI 工具大语言模型。

现阶段的 AI 工具，在具体使用中，主要存在以下几个问题：

（1）编造信息。

（2）垃圾输入，垃圾输出。

（3）不创造新信息。

（4）缺少情绪价值。

第一个问题是**编造信息**。AI 工具就像一个有求必应的助理，不管你问它什么样的问题，它都会尽力地回答你。即使在它搜索和生成答案的过程中出现了错误，它也依然会告诉你答案。因此，有时候，AI 工具会"一本正经地胡说八道"，自信满满地告诉你一个错误的答案。

举个例子，我曾经用 AI 工具创作了一篇英文演讲稿，内容是用英文描述中国古代著名诗词《青玉案·元夕》，主题是勇敢。AI 工具给我写的演讲故事大致内容是：曾经有一位女子，她的名字叫元夕，因为战争的原因，父亲必须要上战场，于是元夕决定女扮男装，代父从军，这个故事体现了元夕的勇敢坚韧。终于，最后元夕功成回来后，那人就在灯火阑珊处。

我们可以发现，这篇故事错得有些离谱。首先，《青玉案·元夕》中的元夕指的是中国传统节日元宵节，而不是人名；其次，这个故事明显是花木兰的故事；最后，那人就在灯火阑珊处这句话确实是《青玉案·元夕》中的经典名句，但是用法让人啼笑皆非。

经过很多测试，我发现，AI 工具有时会出现一些错误。由于 AI 工具有海量的知识数据库，如果我们在提问 AI 工具时，提示不够精确，它就可能调用错误的数据。因此，**对于事实性的问题，我们一定要验证回答的真实性，并且反复提问求证**。

第二个问题是**垃圾输入、垃圾输出**。AI 工具的知识库来源于人类知识库，除了前期训练的语料外，我们每一个提问、“投喂”和引导的过程，都是训练 AI 工具的过程。如果我们不断给 AI 工具输入一些错误的引导和信息，那么 AI 工具的回答就可能越来越离谱，不仅偏离我们的本意，甚至面临一些道德风险问题。

对于这个问题，ChatGPT 的母公司在不断修正。例如，给 AI 工具设置一些道德标准，让 AI 工具回避政治、失德及犯罪等问题。我相信通过不断优化，AI 工具可以逐步成为我们更好的助手。

要用好 AI 工具，让 AI 工具输出我们需要的答案，大家可以采纳以下 4 点输入建议：

创意泛泛问，成稿分步问，复用格式化，格式指令化。

创意泛泛问，就是不给 AI 工具具体的要求，泛泛提问，它的答案就会很宽泛。如果我们对于相关话题不熟悉，需要更多的想法和创意，就适合采用这样的提问方式，具体案例可参考文中的创意部分。

成稿分步问，就是如果想让 AI 工具帮我们生成一篇稿子，直接输出的效果不好，我们需要按照提示词公式，给出具体的背景信息，逐步引导 AI 工具，并进行优化，才能得到相对满意的稿件，具体可参考第 5 章的场景案例。

复用格式化，AI 工具之所以能帮我们提高效率，不仅是因为可以通过提示让它帮我们组织知识，更重要的是，可以通过格式化建模的形式，让每个对话框单独解决一种问题。以后对于不同的题目，我们都可以用同一套方法解决问题，实现复用，具体可参考第 3 章的模块案例。

格式指令化，就是用编程的思维，把相关格式编写成各种指令，在用同一种模式解决问题时，就不再需要输入完整的提示词，而只输入指令即可。这进一步简化了流程，提升了效率。如第 3 章金句部分的案例。当然，需要注意的是，很多文稿灵活性较强，过于指令化可能导致输出的答案死板、不灵活。

第三个问题是**不创造新信息**。现阶段 AI 工具还是基于人类的原有知识，大语言模型并没有超越信息论的限定范畴，其主要是基于已有知识做新的组合创新。因此，我的建议是，创新性的工作现阶段还是不能过于依赖 AI 工具，我们可以通过 AI 工具提供更多的创意、思路和视野，有一些想法，还是需要我们思考。

第四个问题是**缺少情绪价值**。AI 工具非常擅长逻辑和理性思考，因此 AI 工具对我们梳理逻辑结构，能提供很好的助力。当然，AI 工具也可以扮演某些角色，基于人类的知识库，给我们提供一些情绪安抚，但现阶段的 AI 工具本质上还不具备情感和情绪能力。

因此，AI 时代的人类，更应该扮演好以下 4 种角色：

（1）提问者：问对问题会比找对答案更加重要。

（2）模型构建者：在学习中应当掌握更多底层逻辑和思维模型，而非简单的知识堆积。

（3）表达者：需要更好的情绪唤起、表达及人际沟通能力。

（4）影响者：更强的影响他人的能力。

未来已来，顺应这个时代，让 AI 工具成为我们的最好助力吧！

3 张“万能”演讲表格，演讲方法“一网打尽”

我把本书的内容总结成了 3 张“万能”的演讲表格方便读者使用。

附表 1　演讲能力自评表：清单形式；可以有效评估演讲能力，查缺补漏做提升。

附表 2　演讲场景应用表：清单形式；可以针对不同演讲场景构建稿件。

附表 3　演讲 AI 工具提示表：AI 工具提示词的公式与步骤，可以有效引导 AI 工具，高效输出稿件。

演讲能力自评表范例：

附表 1　演讲能力自评表

评估维度	评估要点	评价尺度				
		优	良	中	可	自评
敢讲	A. 在台上自信满满，表现紧张	10	8	6	5	
	B. 在演讲中不会出现忘词的情况	10	8	6	5	
	C. 在演讲中擅长互动，且互动自然	10	8	6	5	
	D. 在演讲中很少犯错，且犯错后可及时纠正	10	8	6	5	
能讲	A. 演讲的主题清晰、内容清楚	10	8	6	5	
	B. 演讲时金句频出，使用恰如其分	10	8	6	5	
	C. 演讲的结构清晰、逻辑清楚	10	8	6	5	
	D. 演讲内容充实，开场、主体和收尾设计巧妙	10	8	6	5	
	E. 讲台表现力强，善用声音及肢体语言	10	8	6	5	
会讲	A. 在演讲中擅长影响他人	10	8	6	5	
	B. 在演讲中，擅长讲故事	10	8	6	5	
	C. 擅长利于演讲说服他人	10	8	6	5	
	D. 擅长在演讲中使用幽默段子	10	8	6	5	
	E. 语言生动、有感染力	10	8	6	5	
	F. 擅长使用 PPT 等视觉辅助手段	10	8	6	5	
巧讲	A. 擅长做自我介绍，让人印象深刻	10	8	6	5	
	B. 工作汇报目标清晰、逻辑清楚，领导都说好	10	8	6	5	
	C. 路演展示清晰，开口成金	10	8	6	5	
	D. 面试表现突出，总能脱颖而出	10	8	6	5	
	E. 擅长展示分享，展示效果突出	10	8	6	5	
	F. 演讲比赛表现出色，深受评委青睐	10	8	6	5	
1. 以上各个维度的自评，我的综合得分分别是：（敢讲）__________ 分；（能讲）__________ 分；（会讲）__________ 分；（巧讲）__________ 分。 2. 我需要重点提升的维度为 _________ 为什么：______________________________						

演讲场景应用表范例：

附表 2　演讲场景应用表

演讲题目	
演讲场景	A. 即兴演讲 □ B. 自我介绍 □ C. 工作汇报 □ D. 路演招商 □ E. 面试竞聘 □ F. 展示分享 □ G. 演讲比赛 □
目标主题	A. 主题选择：______________ B. 主题锁定：______________ C. 汇报目标：______________ D. 路演目标：______________ E. 岗位需求：______________ F. 核心观点：______________ G. 中心思想：______________
主体结构	A. 万能故事 B. MTV 模型 C. 目标导向 – 工作亮点 – 问题分析 – 未来规划 D. "市人才"模型或"愿行果"模型 E. STAR 模型 F. 独特思想 – 故事力量 – 明确结构 G. 开场吸睛 – 原创故事 – 总结升华
收尾动作	A. 金句升华：______________（切回主题） B. MTV 模型 C. 情感升华 + 理性感谢 D. 站在对方角度的结论 E. 意愿 + 接受 F. 情感升华 + 理性总结 G. 闭环回应开头

注：在对应的□或字母后打上√。

AI 演讲工具提示表范例：

附表 3　AI 演讲工具提示表

第 1 步：明确任务目标	第 2 步：新建一个对话（建模）	第3步：发出提示词	第 4 步：完善提示
我的任务目标是： ＿＿＿＿＿＿	新建对话框：□ 对话框取名：□	背景询问：□ 内容“投喂”：□ 角色背景：＿＿＿＿ 具体要求： ①谁说：＿＿＿＿ ②谁听：＿＿＿＿ ③场景：＿＿＿＿ ④风格：＿＿＿＿ ⑤目标：＿＿＿＿ ⑥其他：＿＿＿＿ 任务目标： ＿＿＿＿＿＿＿＿ 输出格式： 文字　□ 表格　□ 其他　□	其他要求： ＿＿＿＿＿＿＿

注：在对应的□打上√。